A TRAVERS

L'EUROPE DU NORD

PAR

Le Dr A. PEYTOUREAU

Préparateur à la Faculté des Sciences de Bordeaux

ORTHEZ

IMPRIMERIE J. GOUDE-DUMESNIL, 70, RUE SAINT-GILLES

—

1891

A TRAVERS
L'EUROPE DU NORD

PAR

Le Dʳ A. PEYTOUREAU

Préparateur à la Faculté des Sciences de Bordeaux

ORTHEZ

IMPRIMERIE J. GOUDE-DUMESNIL, 70, RUE SAINT-GILLES

—

1891

A TRAVERS
L'EUROPE DU NORD

J'ai lu quelque part, autrefois, — je crois que c'est dans le *Voyage sentimental* de Sterne, — qu'on peut classer ceux qui voyagent en plusieurs catégories et notamment, la plus nombreuse, dit-on, celle des *voyageurs bilieux*. Mais ce travers est-il vraiment tellement répandu dans le monde et ne serait-il pas plus équitable de convenir que si, bien souvent, les mille petits tracas d'un voyage aigrissent momentanément le caractère, au bout de quelque temps on ne conserve, heureusement, des choses vues qu'un agréable souvenir ?

Quoi qu'il en soit, je crois qu'il vaut mieux, pour le touriste, chercher à éviter cette fâcheuse disposition d'esprit ; pour moi, quand je quitte mon *home*, je préfère me placer entre le *voyageur sentimental* et le *voyageur curieux* du vieil auteur anglais.

A Dieu ne plaise cependant que, dans ce voyage en pays froids, j'aie fait le chemin en touriste purement sentimental — un médecin, c'est du moins l'avis général, en est bien incapable. — Toutes les aspirations du voyageur curieux, désireux de voir tout, de s'assurer de tout, m'eussent, du reste, puissamment aidé à mitiger des élans trop irréfléchis.

Je n'ai pourtant nulle prétention à me transformer en *Guide monumental*. Les plus chaudes descriptions de cathédrales, de musées, de palais, quelque tentantes soient-elles, n'intéressent guère que ceux qui connaissent *de visu* lesdites merveilles. Peut-être la relation anecdotique de mon voyage, — bien qu'il n'ait pas été fait au milieu des nègres et des cannibales, mais dans des pays tout aussi civilisés que le nôtre, — pourra-t-elle sembler moins documentaire et, partant, moins banale !

Mais, dès à présent, je dois dire que je n'étais pas seul dans cette excursion à la vapeur de plus de trois mille lieues. J'aurais probablement fait triste mine dans plusieurs pays dont je ne connais pas le premier mot du langage ; j'avais heureusement dans M. le professeur Kunstler, de la Faculté des Sciences de Bordeaux, mon excellent maître et ami, un compagnon, un guide devrais-je dire plutôt, précieux et obligeant.

I

Nous quittions notre bonne ville de Bordeaux le lundi 16 septembre dernier, en touristes, — la valise d'une main, la couverture de voyage de l'autre, tout notre bagage, — dans le but d'aller étudier sur les lieux mêmes les progrès apportés récemment en Norwége à l'élevage artificiel des poissons de mer, et aussi avec l'intention bien arrêtée de pousser le plus loin possible pour le peu de temps dont nous disposions.

C'est dire que nous avons commencé par brûler absolument la terre de France ; il nous tardait même tellement de fouler le sol étranger, que la première étape nous menait d'un seul coup à Bruxelles.

Mais, avant de dépasser la frontière, et malgré la vitesse de notre espress dévorant en quelques heures la longue route qui sépare les deux capitales, j'ai pu m'assurer une fois de plus d'un fait cent fois constaté, mais qui étonne toujours : nous étions alors en pleines grandes manœuvres des premiers corps d'armée et les lignes ferrées se trouvaient quelque peu encombrées de militaires, officiers rejoignant les colonnes pour la grande revue du ministre, soldats et réservistes malades regagnant leurs garnisons ou leurs familles ; cependant quel silence dans toutes les gares, surtout à partir de Saint-Quentin ! Tout ce monde parlait à voix basse, la locomotive sifflait à peine et le personnel n'appelait même plus le nom des stations. Quel changement, quelle différence avec nos bonnes lignes de Gascogne, où, sur le quai de la moindre gare, dix personnes font du bruit comme cent ! Question de crû sans doute ! Toute banale que puisse paraître cette explication, elle est peut-être la vraie, et, pour moi, je crois que c'est pour beaucoup au jus de la treille que nos populations du Midi doivent la meilleure partie de leur gaieté et de leur entrain.

Les formalités de douane remplies, c'est-à-dire après une visite sommaire comme, seuls, ne savent pas la faire nos *gabelous* français — une simple marque à la craie sur les valises — nous sommes en Belgique et entrons bientôt, par Mons, en plein district minier. De notre compartiment, on perçoit seulement une grande activité : hautes cheminées laissant échapper une épaisse fumée noire, véhicules divers cahotant sur les routes, épais remblais de terre bastionnant les puits de mines et les faisant ressembler de loin à autant de fortins détachés.

A six heures sonnantes, nous sommes en gare de Bruxelles-Midi. Tout le monde descend et s'empare à la hâte des quelques fiacres disponibles qui attendent sous le couvert, sans avoir à se préoccuper de l'octroi, cette institution surannée que nous avons laissée derrière nous en France, et que nous ne retrouverons qu'à Nancy.

Notre automédon nous fait traverser tous les beaux quartiers. De loin nous apercevons, en levant les yeux, l'énorme Palais de Justice qui semble écraser toute la ville du poids de sa masse ; nous suivons le boulevard d'Anspach, rendez-vous du tout-Bruxelles, aux adresses originales et quelque peu *sylvestriennes*, jusqu'à l'hôtel de Cologne, rue de la Fourche.

Le temps de voir nos appartements, puis nous courons à l'aventure.

Il faut pourtant songer à souper. A tout hasard nous nous fourvoyons au café Riche, à côté du fameux théâtre de la Monnaie, dont l'aspect extérieur est loin de répondre à la célébrité européenne du répertoire.

Une pléiade de garçons tout à fait bien mis s'agite sous la direction d'un chef en correct habit noir qui, la carte à la main et le crayon sur l'oreille, semble toujours prêt à deviner vos ordres.

Point n'est besoin d'être grand clerc pour reconnaître dans ce petit cérémonial l'exploitation intensive de l'homme par l'homme.

J'ai encore présent à la mémoire le souvenir du pavillon Tourtel, au pied de la tour, pendant l'Exposition ; sous le nom de Restaurant Français, se cachait là un repaire assez réussi de brigands qui, s'ils ne s'attaquaient pas directement à la vie des consommateurs, savaient du moins parfaitement mettre leur porte-monnaie à sac.

Sitôt entré dans les salons du Riche, l'impression du Tourtel me revint toute fraîche, mais, enfin, *pour une fois, savez-vous,* on n'est pas tous les jours à Bruxelles ; de plus, j'avais aperçu, tout au fond, ce qui m'avait encore engagé à entrer, un jeune négociant de chez nous, en train de faire un petit souper avec une amie..... non moins bordelaise : un vrai pays de connaissances, quoi !

Et puis, on n'a pas tous les jours la bonne fortune de dîner à côté d'un Prince. Voici comment nous ne tardions pas à apprendre ce qu'était notre plus proche voisin, un vieux beau, aux manières de jeune homme et mis avec la dernière recherche. Il dînait à une petite table, en compagnie de quelques bouteilles de Château-Yquem que le chef débouchait dévotement, tout en psalmodiant lentement le menu. Après des négociations laborieusement menées, le convive gastralgique avait fait son choix, sans doute, car, tout d'un coup, le chef, jusque-là respectueusement courbé, se redresse majestueux et, s'adressant au garçon le plus proche, s'écrie d'un ton solennel, mais plein d'une componction empressée : « le Prince demande une bonne petite langue bien chaude ». Je réprimai avec peine une gaieté qui se serait vite transformée en fou rire, mais notre *balthazar* était achevé, et je sautai sur mon chapeau, poursuivi jusque dans la rue par deux garçons armés de brosses qui, à toute force, en voulaient à nos pardessus. Nous avons revu ledit Prince, le lendemain, en petit complet gris, près du Palais-Royal. Etait-ce un Prince du sang ? Peut-être !

Le boulevard d'Anspach est très animé le soir et, sur cette voie cosmopolite, on entend tous les idiomes. Les établissements regorgent de consommateurs. L'usage du pichet microscopique de lait, servi avec le café, en guise de cognac, et dont l'emploi est si répandu dans les pays du Nord, a envahi Bruxelles avant d'arriver chez nous; mais on n'est pas ennuyé ici, comme à Paris, par tous ces affreux camelots qui viennent sournoisement vous proposer des cartes qui ont fait, cependant, pour une part, la réputation de la Belgique.

On parle surtout le français à Bruxelles, mais, en même temps le flamand, l'anglais, le hollandais, l'allemand. Aussi ne faudrait-il pas s'étonner d'une cueillette de perles prises au hasard ; sur une affiche de distillateur, par exemple : *lambics* pour alambics, et cette adresse de pédicure qui m'a laissé rêveur : *maseur* de l'Institut de Paris.

Je dois signaler en passant une excellente initiative prise par l'administration des postes, au bureau principal. C'est la création d'une charge d'interprète dont le titulaire se tient en permanence dans la salle du public ; les étrangers peuvent en disposer à titre gratuit.

Quand on a admiré à Bruxelles — puisqu'il est bon ton d'admirer, quand on est hors de chez soi — l'Hôtel-de-Ville, beau monument très fouillé, datant de l'occupation espagnole, le Palais-Royal à la façade morne, le palais du Comte de Flandre. non moins triste, quelques tavernes plus ou moins historiées, l'église Sainte-Gudule, on a tout vu. Ah ! pardon, j'allais oublier la fontaine du petit protecteur de la cité, le *Mannkenpiss.* statuette de bronze aux formes rondelettes, qui donne l'eau d'une façon toute naturelle à un quartier de la ville, et dont il serait trop long de raconter maintenant la légende qui, du reste, court les guides.

Nous quittions le lendemain, à deux heures, la capitale de la Belgique.

II

La ligne Bruxelles-Cologne, *via* Liége, est vraiment pittoresque. Les longues plaines disparaissent bientôt et on parcourt la région plus accidentée du granit rouge ; la Meuse
et ses affluents sont traversés par des ponts sans nombre,
c'est une orgie de viaducs et de tunnels.

Il est déjà tard quand nous atteignons la frontière d'Allemagne. La gare limite est monumentale, toute nouvelle,
bien que sa décoration intérieure, genre moyen âge, soit un
peu vieux jeu. Tous les fonctionnaires ont le chef recouvert
de la casquette allemande : douaniers, facteurs, portiers,
employés, gendarmes ne se distinguent que par la teinte de
l'uniforme. On allonge ici le train belge de trois ou quatre
wagons de la *Kaiserlich Post*, toujours encombrés dans les
trains de l'Union allemande, ce qui tient à la très grande
extension du service des colis postaux fait ici par la poste
même et non par les messageries.

Nous voyons encore au passage Aix-la-Chapelle, *Aatchen*
comme disent les Allemands, mais il est plus de six
heures et la soirée s'annonce comme devant être très sombre. Des bandes d'enfants roses et joufflus s'amusent dans
des parcs qui avoisinent la ligne. Le paysage se déroule du
reste si vite que je dois me contenter de parcourir dans le
guide les curiosités historiques dont cette ville est pleine.

Il fait nuit noire quand nous arrivons à Cologne, *Koln* des
Allemands, dans la vieille station que l'on démolit pour faire
place à une construction colossalle. Un commissionnaire
porte nos valises à l'hôtel du Rhin, à deux pas de la gare, et
je n'ai pas seulement ouvert la porte de cet établissement
qu'un jeune et gros bonhomme me saute au cou avec force

effusions, me prenant pour un ami et ne voulant pas en démordre ; ce n'est qu'à grand peine que je parviens à me faire lâcher.

Les attraits de cette ville qui, autrefois, personnifiait l'Allemagne, ne nous paraissent pas bien grands, mais par la combinaison de billets que nous avons l'intention de prendre pour la suite de notre voyage, nous serons obligés d'y séjourner jusqu'au surlendemain.

On trouve en Allemagne des agences spéciales — rien de Cock, qui a cependant une succursale à Cologne ; — elles vous préparent des itinéraires internationaux, circulaires et facultatifs, pour bateaux et chemins de fer, avec réduction de 25 °/₀ sur le total du prix du parcours, moyennant la modeste rétribution d'un marck (1 fr. 25 c.). Ce billet fait, vous le portez à la gare où l'on dispose à votre usage, dans les 24 heures, un carnet de coupons libellés dans la langue des pays que l'on doit traverser, et détachables tout le long du parcours dans un délai de trois mois. Le prix des places ordinaires est déjà très réduit dans ces pays du Nord : la première classe se paye au tarif de la seconde chez nous, et la seconde au prix de la troisième environ. C'est là une commodité que nous pouvons, à bon droit, envier à nos voisins ; espérons que l'administration française saura nous procurer à nous aussi bientôt ces voyages à bon marché, depuis si longtemps réclamés.

Nous faisons, le soir, un petit tour de promenade le long de la rue principale ; on rencontre surtout là des ouvrières en rupture d'ateliers, des sous-officiers et soldats d'une tenue correcte, des officiers en civil, toujours reconnaissables à la roideur du cou, vieille habitude du col carcan d'uniforme. Au bout de quelques heures, tout ce monde s'écoule, les devantures s'éteignent peu à peu, et il n'y a plus rien à faire dans cette cité essentiellement patriarcale et familiale ; la rue appartient alors, non pas aux filles, mais à quelques individus postés dans les carrefours et qui offrent à mi mot aux passants attardés une marchandise aussi suspecte que fraîche. Nous finissons la soirée au concert des Tziganes (25 pfennigs d'entrée); la salle est comble de militaires et de civils, mais le calme règne absolu et parfait.

Des fenêtres de l'hôtel nous dominons la façade de la fameuse cathédrale, le *dom*, triomphe de l'architecture ogivale, avec ses mille colonnes qui semblent surgir de partout; la hauteur totale des flèches, dont la dernière est achevée depuis à peine cinq ans, est de 150 mètres : c'est, après notre tour Eiffel, le plus haut monument d'Europe.

L'intérieur ne le cède en rien à l'aspect du dehors. Au moment où nous visitions cette basilique, c'était l'heure de l'office des chanoines dont les chants liturgiques ne diffèrent guère de ceux qu'on peut entendre en France. La police était faite par deux superbes massiers en robe écarlate.

C'est sur la place de la cathédrale que logent tous les fabricants d'eau de Cologne, jusqu'au vrai Jean-Marie Farina. Nous n'aurons pas besoin, du reste, de nous déranger pour faire provision, car un larbin de l'hôtel, obséquieux comme savent si bien l'être les domestiques teutons, et qui parle français comme moi, nous a offert, dès l'arrivée, aux mêmes conditions qu'en face, un arsenal complet de bouteilles et de flacons.

Avant de déjeuner et pour tuer le temps, nous nous rendons en tramway au jardin zoologique, le *Thiergarten*, et aussi à la *Flora* ou jardin botanique, deux institutions scientifiques florissantes de toutes les villes allemandes. Ce sont des exhibitions très courues, à la fois musées, ménageries, aquariums, serres et pépinières, où l'on entre, —du moins les étrangers, — moyennant 1 marck ; je crois que les indigènes y pénètrent à meilleur compte. On y donne dans la journée des concerts civils ou militaires; on y trouve toujours pour manger et boire une *Restauration* dans les jardins.

L'organisation de ces établissements est très puissante ; la direction en est confiée le plus souvent à des savants de premier ordre qui, par leur savoir-faire et leurs relations, savent se procurer des collections hors de pair. J'ai surtout remarqué au *Thiergarten* de Cologne un aquarium d'eau de mer très peuplé et dont on ne renouvelle cependant le contenu que quatre fois par an. Qu'il y a loin de ces installations grandioses, où chacun peut venir agréablement s'instruire, à nos modestes musées de province, si souvent pauvres collections de peaux bourrées et de plantes étiolées !

A côté de ces jardins, auxquels leurs dimensions ne permettent pas d'être situés dans l'enceinte des remparts, se tient une exposition, puis Buffalo-Bill et ses Peaux-Rouges dont nous rencontrons pendant le trajet quelques spécimens.

Ici la table d'hôte est servie à une heure et demie. Du reste, et c'est un fait à noter, le moment des repas retarde d'environ une heure par deux degrés de latitude nord ; nos estomacs, bien que complaisants, n'ont pas tardé à remarquer les inconvénients de ce régime irrégulier.

La première chose qui m'a surpris à cette table d'hôte de l'hôtel du Rhin, c'est que l'on n'y boive que du vin ; les buveurs de bière sont relégués dans d'autres salles. Nous étions au milieu de familles des environs, venues sans doute pour passer la journée — telle est, du moins, l'idée que je me suis faite de nos commensaux. — On nous servait à la fois dans une même assiette une quantité de mets disparates, tels que bœuf sauce piquante, salade de concombres, épinards, pommes de terre vinaigrette, que sais-je encore ! Et cette rage de manger de la compote sucrée de fruits à tous les services ! Pour moi je ne saurai jamais me faire à cet usage. Peu ou pas de pain, si l'on peut baptiser de ce nom la petite bouchée de gâteau anisé et noirâtre qu'on vous présente discrètement ; et, si vous venez à en redemander, c'est, paraît-il, un signe d'infériorité. On laisse le vrai pain aux classes pauvres et aux Français ; on préfère bien, là-bas, se bourrer des pommes de terre bouillies qui font à chaque plat un cortége imposant. Pas d'eau sur la table ; vous en demandez ! on trouve avec difficulté une carafe : cette pénurie vient sans doute de ce qu'on ne débouche absolument que de fines bouteilles, ou tout au moins des vins chers qu'on boit dans des verres verts.

A Cologne, après avoir visité le *dom*, tout étranger doit traverser le Rhin sur le pont de fer qui mène à Deutz ; il couvre trois cents mètres et sert à la fois au chemin de fer et aux voitures ; ses deux extrémités sont flanquées d'énormes statues équestres de Frédéric le Grand et du vieux Guillaume ; autant que je me rappelle, on doit payer quelques pfennigs pour le passage.

Vue de Deutz, Cologne se déroule le long du fleuve, et les restes de fortifications qui l'abritent de ce côté lui donnent vraiment un fort bon air moyen âge, illusion vite dissipée par la fumée noire des vapeurs qui remontent de la mer et déparent absolument ce cadre pittoresque.

Le but de notre promenade à ce faubourg était de visiter un établissement que les auteurs y placent pour la reproduction artificielle et intensive des écrevisses ; mais tout se borne, en réalité, à quelques bacs flottants, simples réservoirs en pleine eau du Rhin, entrepôts où l'on centralise les écrevisses pour les expédier ensuite dans toute l'Europe, et notamment en France.

Pour rentrer en ville, nous traversons la rivière en bateau mouche. Toute la matinée un pont de bateaux est installé en amont du pont de fer, mais on le coupe à partir de midi pour donner passage aux navires.

Nous parcourons tous les quartiers, notant au passage pas mal de maisons d'un beau caractère historique et force statues, notamment celle de Bismarck. Chez un *pour lorgnettes* de la galerie commerciale, nous achetons en passant des cadeaux pour les amis, et nous sommes débarrassés ainsi de quelques louis le plus aisément du monde, car, lorsqu'un Allemand est doublé d'un Juif, il met tant de bonne grâce dans la façon de vous offrir sa marchandise, qu'on ne peut rien lui refuser.

Malgré les prétentions du jeune Empereur, qui entend germaniser la langue autant que le cœur de ses sujets, nous lisons encore pas mal d'adresses en français plus ou moins barbare, comme nous en verrons, du reste, d'autres, plus tard, dans toute l'Allemagne.

Une vraie déception pour moi, à Cologne, c'a été de ne guère rencontrer dans les rues que des gens bruns ou à peu près, moi qui me faisais par avance une fête de voir *in situ* ce type allemand blond, hirsute, à lunettes vertes et pipe porcelaine du journal le *Troupier* ; si on le trouve quelque part, ce n'est certes pas à Cologne. C'est cependant une illusion bien accréditée chez nous qu'il existe un type allemand au physique aussi reconnaissable que le type japonais ou le type arabe ; erreur profonde ! Habillez et coiffez un Prussien à la française, pas moyen de distinguer le plus pur Teuton des Teutons d'un vrai Gascon de Gascogne.

Il existe à Cologne, comme dans tout le reste de l'Allemagne, nombre de brasseries, vastes établissements où l'on boit de la bière et mange des *delicatessen*, même parfois avec des serviettes de papier, comme je l'ai vu. Le soir venu, elles sont très fréquentées ; les bons bourgeois s'y assemblent silencieusement — on entendrait tomber une épingle — et viennent fumer du tabac turc et vider, pour deux sous et demi, leur bock d'un demi-litre, souvent accompagné d'un nombre respectable d'autres ; mais la bière y est si douce que c'est impunément qu'ils peuvent se livrer à cet exercice hygiénique sans crainte d'avoir le lendemain les cheveux douloureux et la bouche ligneuse. Les limonadiers avaient probablement, en Prusse comme ailleurs, exploité la situation ; aussi leurs bocks, tous de forme classique, cylindriques, en verre ou en cristal, armés d'une poignée et d'un couvercle métallique plus ou moins guilloché, sont-ils maintenant vérifiés et poinçonnés par l'autorité communale !

Je n'ai pas encore vu de choucroûte sur la carte ; j'avais jusqu'ici toujours considéré l'Allemagne comme une vaste fabrique de choucroûte ; il n'en est rien et il faudrait se garder de confondre à ce point de vue la Prusse avec l'Alsace. Cependant les saucisses jouent un grand rôle dans l'alimentation ; longues et grosses, on les débite à l'aune ; c'est à coups de bocks qu'on les digère, ainsi que l'oie rôtie, qui jouit dans toute l'Allemagne d'une réputation très justifiée.

Il n'est pas jusqu'à la littérature qui ne sacrifie à cette passion, et tout bon journal teuton se croit tenu de rééditer, chaque matin, quelque nouvelle plus ou moins plaisante sur la charcuterie. En voici une entre mille : un monsieur fait photographier un chien auquel il tient beaucoup, mais le mâtin n'entend pas de cette oreille et montre furieusement ses crocs ; que faire ? une idée lumineuse survient à l'opérateur : « pour qu'il ait un air riant », dit-il au maître , « parlez-lui donc un peu de saucisses. » Tel est le genre. Tant que nous en sommes à la presse amusante, je pourrais citer encore beaucoup de mots d'enfants terribles, nombre de reproductions et de démarquages de nos journaux français, mais jamais d'histoires de mésaventures conjugales. Ce n'est pas qu'elles ne soient pas, chez nos voisins, pour le moins aussi communes que de ce côté du Rhin ; peut-être ne les trouve-t-on pas aussi drôles !

La quantité de petites voitures traînées par des chiens est innombrable ici : depuis Bruxelles nous avons observé le même fait, mais nulle part avec la même intensité. Je me demande pourquoi existent chez nous des arrêtés dits motivés interdisant l'emploi de ce cheval du pauvre ; c'est certainement une force inactive et nullement négligeable.

Malgré tout, le temps paraît long à Cologne quand le séjour se prolonge. On ne peut pas admirer indéfiniment le parfait entretien des rues et l'excellente tenue des gens de police.

A propos de police, notre allure d'âmes errantes et en peine n'a pas tardé à exciter les soupçons d'un *polizeidiener* qui s'est mis à nous suivre avec une obstination gênante. Il aurait cependant dû se rappeler qu'une huitaine auparavant, on avait arrêté sous prévention d'espionnage un brave avoué anglais rôdant près des remparts et qui, en homme expert et retord, réclamait maintenant à sa Majesté Guillaume une honnête indemnité. Du reste, pour nous, l'affaire n'eut pas de suites, car nous avons pris le train au moment même où elle allait peut-être se gâter.

Je m'étais cependant payé un petit complet verdâtre, et, coiffé d'un feutre plat à larges bords, je ressemblais assez à un toucheur de bœufs sans blouse ; il eût fallu être bien ombrageux pour s'émouvoir de ma présence, et je pouvais aisément passer, comme il m'est arrivé plusieurs fois, pour Russe, Anglais, Suisse, Belge ou Espagnol. Il n'en était malheureusement pas de même de mon compagnon, superbe dans sa petite jaquette noire ajustée à la parisienne, sa barbe irréprochable, ses cheveux correctement coupés à la nuque ; il faisait presque sensation, surtout s'il sortait chaussé de ses vastes pantoufles grises de dix centimètres trop longues, accessoire précieux, du reste, et à recommander en voyage.

M. Kunstler, en sa qualité d'Alsacien, a la prétention de parler correctement l'allemand, mais il n'a pas plus tôt ouvert la bouche dans un établissement quelconque, que le premier garçon venu lui répond : « Oui monsieur », de la façon la plus polie. Il lui arrive même, avant d'avoir parlé, de se voir attaquer par un : « Monsieur désire-t-il les journaux de Paris ? » d'où, chaque fois, un *das ist ?* (qu'est-ce que c'est !) courroucé, et le larbin de se reprendre aussitôt, croyant avoir fait four. C'était surtout, nous en avons depuis acquis la conviction, notre façon de saluer en entrant, qui nous désignait comme Français aux yeux de tous. En Allemagne on ne se découvre guère à la porte ; on attend d'être assis. La coupe de cheveux devait aussi nous trahir, car la raie droite est la règle et on la prolonge, en arrière, plus bas, si possible, que le col de la chemise.

Nous quittons Cologne le vendredi matin par l'express de dix heures, non sans avoir fait, en vue du voyage, ample provision de saucisse et de vin du Rhin ; nous ne devons être à Hambourg qu'à six heures et le train s'arrête à peine dans le trajet.

Un excellent usage qui existe chez les Allemands et que nous devrions bien leur emprunter, c'est l'habitude d'atteler des voitures de deuxièmes et souvent de troisièmes classes aux trains les plus rapides ; on peut monter dans ces wagons, quelle que soit la durée du parcours à faire, moyennant un petit supplément de dix pour cent sur le prix ordinaire des places en train omnibus. J'ai vu aussi sur ces réseaux, mais là seulement, des quatrièmes ; je ne dirai pas qu'elles sont confortables, ce serait peut-être exagérer ; elles sont cependant couvertes, et les besoigneux peuvent y voyager presque pour rien.

Nous nous installons dans un wagon de secondes. Les loisirs de la route nous permettent d'observer à l'aise les détails de l'aménagement : compartiment large et haut de plafond, double filet, l'un pour chapeaux et paquets, l'autre, très étroit, pour cannes et parapluies ; banquettes et dossiers confortablement rembourrés, itinéraire géographique du parcours, cabinet lavabo avec porte ménagée à travers la cloison ; cette dernière disposition réduit à sept ou six le nombre total des places.

On traverse d'abord la riche province de Dusseldorf, à la fois fertile et métallurgique ; la densité de la population est telle dans cette partie de la Prusse rhénane qu'on a l'illusion de traverser une ville unique de trente lieues de diamètre : ce ne sont partout que cheminées d'usines et casernes d'ouvriers, bâties en briques rouges et couvertes d'ardoises. La nuit, toute la contrée s'éclaire à l'électricité, c'est une féerie. Plus de vingt lignes ferrées aboutissent pendant ce court parcours à celle que nous suivons. Mais tout cela n'est qu'une vision, vision inoubliable, il est vrai !

Plus loin, ce sont de grandes exploitations agricoles avec leurs coquettes constructions de bois dont les poutres, peintes en rouge ou en sombre, ressortent vivement sur le blanc du lait de chaux. Au passage, nombre de clochers à flèche cuirassée, comme c'est la mode là-bas, avec des plaques de cuivre plus ou moins vert-de grisées, reluisent au soleil.

A partir de Münster, le paysage n'est plus aussi riant, puis à Brême, siège d'une grande exposition dont nous apercevons de loin les galeries, le sol se transforme en lande aride, et ceci jusqu'à Hambourg.

J'avais mis à exécution, dès Bruxelles, une idée burlesque consistant à adresser tous les jours à un de mes bons amis, étudiant en médecine, M. C...., qui ne pouvait soupçonner mon départ, retenu qu'il était, dans le fin fond des Pyrénées, aux cordons sanitaires contre le choléra, une série ininterrompue de cartes postales. Ces cartes à libellé grotesque, de plus en plus insensées à mesure que je m'éloignais de France, portaient mille inepties pouvant lui permettre de supposer que j'étais devenu un véritable aliéné voyageur. Il eut le tort d'ébruiter l'affaire ; l'histoire, mal comprise, se tourna contre lui, et, à mon retour, je n'étais pas peu étonné d'apprendre que tous nos amis croyaient le pauvre garçon aux petites maisons et se lamentaient sur l'évanouissemen. de brillantes promesses d'avenir, si brutalement déçues.

A Hambourg, un modeste fiacre, dont le cocher nous confic pendant tout le parcours une rondelle de cuivre portant le numéro d'ordre du véhicule et le tarif, nous porte à un petit hôtel dont le nom m'échappe maintenant. De nos fenêtres nous plongeons sur un des bras de l'Elbe, et, si nous venions à nous laisser choir, nous n'en serions point quittes sans un bon bain dans le fleuve sillonné en tous sens par de petits vapeurs.

Hambourg est, sans contredit, la plus belle ville d'Allemagne. Sa situation particulière de port franc a beaucoup fait pour son extension : elle ne compte guère moins de 600,000 âmes, et c'est déjà aujourd'hui le plus grand port de commerce du continent ; on est cependant encore à même de construire une lieue de nouveaux docks nécessités par l'importance tous les jours croissante du transit. Sa population est essentiellement cosmopolite, très mâtinée d'étrangers ; on parle toutes les langues, aussi les voyageurs s'y trouvent-ils à l'aise.

Organisée sur le plan des grandes cités américaines, on trouve en pleine rue des voies ferrées continuellement occupées par des trains qui vont d'une gare à une autre ; ce mouvement n'a rien d'étonnant, du reste, car, si mes souvenirs sont exacts, on ne compte pas, à Hambourg, moins de seize gares différentes.

Il n'y a dans cette ville que peu ou point de soldats ; je ne me rappelle même pas en avoir vu, et il faut, certes, dans le pays né du caporalisme, qu'une cité soit privilégiée pour ne pas être pavée de casques à pointe.

La police doit être sérieusement organisée, quoique les agents soient relativement moins nombreux qu'à Cologne ; une raison topique, c'est que les magasins n'ont pas de devantures pour protéger leurs glaces qui restent ainsi exposées toute la nuit. Du reste, cette constatation qui m'a étonné à Hambourg, j'ai pu la refaire depuis ailleurs, et

surtout à Christiania, où la confiance dans la probité des
noctambules paraît illimitée.

La Jungfertirch, promenade qui borde le bassin de l'Alster,
est ravissante, surtout le soir ; tout ce boulevard est éclairé
par des jablokoff. Les gondoles qui sillonnent le bassin,
portant les riverains dans les faubourgs éloignés, donnent à
cette partie de la ville un cachet particulier. En hiver, la
scène change ; le même point devient le lieu de rendez-vous
de la société élégante, et les amateurs de patinage ont assez
de place pour s'en donner à l'aise.

Des douzaines de bouquetières, en costume du pays, juste-
au-corps de velours noir serré à la taille et agrémenté de
galons de soie, chapeau chinois écrasé sur la tête, vous
offrent des violettes d'un air assez provocant. Les petites
bonnes en tablier blanc à bavette, un simple rond de
ruche au chignon, traversent, les bras nus, la foule des
promeneurs, et leur léger costume, tout simple qu'il paraisse,
est fort coquet. Mais, dans tout ce flux de monde, toujours
peu ou point de blondes vraiment blondes, pas moyen de rencontrer la Marguerite de Faust ! Quoi qu'il en soit, les femmes
sont, en général, gentilles à Hambourg ; il y a beau temps,
du reste, que la chanson allemande a célébré leurs charmes,
mais ce n'est plus, malgré tout, l'élégance et la finesse
françaises ; les Allemandes n'ont pas cette sveltesse de taille,
peut-être un peu acquise au détriment de la santé, — mais
faisons taire l'hygiéniste, — qui caractérise notamment nos
jolies Bordelaises.

Un soir, à Hambourg, je passai par hasard dans une ruelle
dont le nom me fuit à présent, la rue des bateaux à fleurs,
dirais-je, si nous étions en Chine. Je fus assez surpris de
voir à tous les rez-de-chaussée des miroirs réflecteurs. En
voyageur curieux, j'approchai et ne tardai pas à remarquer
derrière ces appareils indiscrets, perchées tout au haut de
la fenêtre et passant même parfois la tête par l'imposte,

une série de figures, la plupart rougeaudes et assez fraîches. C'étaient probablement des vestales en quête de feu sacré. Ne voulant pas en savoir davantage, je sortais de cette voie hospitalière sans doute, puisque toutes les portes étaient largement ouvertes et les vestibules brillamment éclairés, quand je croisai un char à bancs dans lequel cahotaient pêle-mêle paysans et paysannes, d'air assez ridicule, du reste ; à peine ce chariot eut-il fait son apparition, que, de toutes les fenêtres, comme une traînée de poudre, d'un bout à l'autre de la rue, partirent cris et quolibets d'un répertoire vraiment imagé pour des gens qui savent si bien honnir la Babylone moderne.

Un voyage en métropolitain — on brûle trois stations pour 25 pfennigs en secondes classes — nous mène à Altona qui, aujourd'hui, ne fait plus avec Hambourg qu'une seule et même ville, bien qu'elle en diffère essentiellement d'aspect : quartier fumeux et travailleur, tout y respire la plus fiévreuse activité ; ce ne sont que wagons et camions qui, à tout instant, menacent de vous écraser, grues et palans soulevant en pleine rue les fardeaux jusqu'au cinquième étage des entrepôts. Le retour en gondole permet de voir le développement des docks et des immenses entrepôts qui bordent le fleuve et encombrent les îles de l'Elbe.

J'ai remarqué dans cette ville certaines nouveautés pratiques, notamment des galeries au faîte des maisons, sortes de terrasses métalliques étroites, en saillie sur la toiture et qui doivent singulièrement faciliter la descente dans la rue en cas d'incendie. Une autre innovation me rappelle ce qui se passait, il n'y a pas bien longtemps, à Bayonne, où un de mes confrères, conseiller municipal, se faisait presque conspuer par cette assemblée pleine de préjugés prudhommesques pour avoir proposé à l'usage de tous ce qui existe en maint coin de rue pour le sexe fort. A Hambourg, on n'a pas eu cette fausse pruderie, et l'écriteau : *Frauen*, qui se campe toujours fièrement en face de : *Mannen,* ne paraît nullement effrayer les bons bourgeois du pays.

Le seul ennui que j'aie éprouvé ici, c'est de coucher dans un lit muni d'un drap seulement. L'absent est remplacé par un fort édredon, qui vous donne, quand on est roulé dedans, une sensation d'étouffement insupportable, tout en laissant les épaules complétement à découvert.

De Hambourg, deux lignes rapides s'offraient à nous pour gagner Christiania, la voie du Jutland par Aaborg et Frederickshaven et celle de Lübeck. Il eût été sans doute intéressant de voir la presqu'ile danoise avec ses vastes plages du Skager Rack, qui offrent une analogie si remarquable avec nos dunes des landes de Gascogne ; mais, comme nous désirions visiter Copenhague, notre choix devait se porter naturellement sur la ligne de Lübeck, ce qui fut fait.

De Hambourg à Lübeck on ne compte guère plus d'une heure de chemin de fer au milieu de plaines riches et fertiles.

L'antique capitale de Lübeck, qui a eu son heure de célébrité, est bien déchue aujourd'hui. Nous n'étions pas fâchés de visiter un dimanche une ville allemande de second ordre, dont les indigènes, luthériens fervents, se montrent observateurs rigoureux du repos dominical. Pendant toute la durée des offices, les devantures des magasins sont barrées par des toiles ; toutes les administrations publiques chôment également, même le télégraphe et la poste, ces derniers du moins de dix à cinq heures. A côté de mille commodités des services postaux et télégraphiques en Allemagne, telles que la remise nocturne des dépêches et les lettres express, il est assez curieux de constater ce fait.

Lübeck est entouré de charmants bocages, vestige de fortifications anciennes, où nous nous promenons en attendant le départ du *Halmstad* qui charge depuis le matin des caisses vides dégageant une odeur infecte de morue.

Sur le coup de quatre heures, l'hélice se met en mouvement et notre navire vogue vers la haute mer, sous la garde d'un douanier vigilant qui ne nous quittera qu'à l'extrême pointe de Travesmunde. Nous sommes bien maintenant sous pavillon danois, mais il ne faudrait peut-être pas crier trop haut adieu les *Pruscos*, ou faire tout autre plaisanterie semblable, on aurait vite fait de nous débarquer, car les fonctionnaires allemands sont tous, chacun le sait, plus ou moins espions.

Bientôt nous rencontrons un vapeur de plaisance regorgeant de monde et escorté d'une flottille de péniches et de périssoires ; à la proue s'étale une fanfare qui souffle divers refrains guerriers, avec accompagnement de paroles où le nom de la France est toujours mêlé. Ne devons-nous pas les avoir en horreur, ces gens dont la haine nous poursuit encore, malgré la victoire, et jusque dans leurs fêtes ?

III

A peine en mer, nous nous mettons à table avec le capitaine et un passager suédois, docteur en trois ou quatre choses ; on parle un peu toutes les langues, mais l'allemand et le latin sont celles dans lesquelles nous nous entendons encore le mieux.

Nous sommes servis par une jeune bonne herculéenne à cheveux courts, vrai type des femmes du peuple en Danemarck, race forte et sans finesse, taille 1 m. 80 et carrure assortie. Elle ne comprend pas un traître mot de ce que nous pouvons demander, mais elle me paraît être néanmoins une connaissance à ménager ; quand on lui montre le nom cherché dans le dictionnaire, elle a une façon de vous mettre familièrement, du reste sans malice, la main sur l'épaule, qui donne presque froid dans le dos, et, si elle s'avisait seulement de serrer un peu, on serait peut-être vite par dessus bord.

Le repas, dont nous retrouverons invariablement le menu dans tous les *damschifs* (bateaux à vapeur), comprend, comme début, trente-six hors-d'œuvres qu'on mange ordinairement debout, et c'est dans nos assiettes un mélange invraisemblable de harengs, saucissons, pâtés, concombres, etc. ; puis vient le service assis proprement dit, composé d'un plat unique fait de trois à quatre sauces différentes qu'on a bien soin de servir toutes ensemble, avec accompagnement de sucre et de compote ; enfin, c'est le tour d'un dessert assorti, où les fromages jouent un grand rôle.

Au milieu de ce festin que nous arrosons de *pale-ale* et que nos compagnons préfèrent digérer avec du thé au lait, on sert un bon coup de *schnick* pour réchauffer le cœur, comme dit le capitaine.

Le souper se termine par un gros cigare que nous montons fumer sur le pont ; puis, vers les dix heures, avec une mer calme comme un lac et qui, en hiver, est complétement glacée, nous descendons dans nos cadres.

Pendant la nuit, nous laissons à gauche la côte du Schleswig et l'île de Falster ; nous prenons à droite, serrant de près le Mecklembourg dont les feux, à distances régulières, apparaissent de loin en loin.

Vers les quatre heures du matin, il se produit une certaine agitation ; il est vrai que nous sommes en plein *Ost see* — lisez Baltique, — et nous doublons bientôt l'extrême pointe suédoise ; on peut l'apercevoir au soleil levant avec la ville de Malmo que nous traverserons au retour.

Dès que l'on atteint l'*Ore Sund*, la mer redevient calme ; en ce point les plus fortes marées n'élèvent guère le niveau que de deux pouces seulement, et l'eau est presque douce, comme dans toute la Baltique.

Sur les neuf heures, nous sommes en vue de la côte danoise ; on aperçoit la petite île verte d'Amager, avec ses prairies plates léchées par la mer. Le capitaine prend la barre ; la navigation devient difficile ; le steamer se trouve entouré de barques qui gênent sa marche ; on doit même stopper plusieurs fois : il est vrai que nous sommes arrivés devant Copenhague.

C'est un beau spectacle que l'entrée de cette rade, vaste baie placée entre l'îlot d'Amager et le littoral de Sjalland, avec ses fortifications, sa citadelle, ses collines, sa forêt de mâts, ses feux flottants, son port de guerre et ses vaisseaux cuirassés.

Nous débarquons à quai après dix-huit heures d'une navigation de tout repos : mais la mer devait bien se venger plus tard, hélas, de cette accalmie engageante !

Kjobenhavn — Copenhague, avec notre manie de franciser tous les noms — est une importante ville de 330,000 âmes.

Ses maisons blanches, ses avenues immenses d'une largeur démesurée, mais d'animation très réduite, lui donnent un cachet à la fois sévère et triste ; c'est une cité originale, pour ainsi dire bâtie sur un détroit, des vases mouvantes et des îles.

A la sortie de la douane, nous hélons un fiacre qui nous porte avec nos bagages à la station du Nord. Il me restait encore en poche de la menue monnaie française, belge et allemande, cuivre, nickel, bronze, tous les métaux ; je glisse à l'automédon une poignée de ce mélange qui m'embarrasse et dont je ne sais que faire, mais il n'a pas l'air, malgré ma générosité, enchanté du pourboire et me fait des objections dont je ne comprends pas un mot, ce qui me rend très fort.

Le dictionnaire français-danois, que je m'étais procuré au départ, ne pourra pas nous servir ; cet ouvrage bizarre, publié à Leipzig sans nom d'auteur, forge dans chaque langue six fois plus de mots qu'il n'en existe réellement. En outre, il est, je m'en aperçois, à peu près impossible de faire usage d'un guide de conversation polyglotte quand on ne connaît pas déjà un peu une langue. Aussi, dégoûtés de notre insuccès, finissons-nous par mettre ces bouquins dans le sac, et au petit bonheur ! Le guide Bædeker, bien plus complet — ceci soit dit en passant — que le Joanne, nous embarrasse déjà assez avec les mille petites emplettes, souvenirs obligatoires des voyages qui, après quelques heures de promenade, garnissent poches et mains.

Nous traversons en touristes la place d'Amaliembourg, le Palais-Royal, glacial monument à colonnades, qui développe ses arcades autour d'une vaste cour, à travers laquelle déambulent lentement quelques factionnaires mélancoliques devant d'étroites guérites, poivrières rouges et grises, qui offrent juste la place de recevoir leur hôte, avec un petit siège où il paraît comme empalé, quand il fait mine de s'asseoir.

Mais le temps nous presse, et, comme les communications rapides avec Christiania sont seulement quotidiennes, nous nous décidons à brûler la ville et simplement à visiter *grosso modo* les curiosités, ce qui prend une matinée. Nous tenions surtout à voir le Tivoli, grand jardin de plaisir, un des points les plus curieux de Copenhague. Les concerts sont nombreux, du reste, dans cette ville ; on trouve des salles à chaque pas. Je voulais aussi apercevoir le fameux clocher de la cathédrale, célébré par Jules Verne dans son *Voyage au centre de la Terre* comme école de vertige. En somme, peu de choses à admirer à Copenhague et rien à retenir.

Comme type de population, toujours relativement peu de blonds, mais la teinte des cheveux et de la barbe, cependant, s'est notablement éclaircie depuis Hambourg. Quoique de race germanique, le Danois se considère comme absolument séparé de l'Allemand ; il repousse toute idée de fusion politique, et, chose curieuse, il prétend que sa langue dérive du latin ; pour peu, il dirait « nous autres latins », comme certain nègre martiniquais de notre connaissance.

La ligne postale directe pour la Norwége traverse par voie ferrée l'île de Sjalland jusqu'à Kronborg : une heure d'express environ. Tout le long de la route, ce ne sont que vertes forêts avec les premiers sapins que j'aie encore vus, et de très beaux châteaux, parmi lesquels celui de Frederisksborg, résidence royale d'été, tient le premier rang. C'est une superbe construction qui s'élève près du bourg de Hillerod, au bord d'un lac que l'on aperçoit du train même.

Près de Kronborg, et dominant la mer, se trouve le château d'*Helsingor* — Elseneur en français — chanté par Shakespeare. Ce n'est pas sans quelque émotion que le touriste, tout pénétré du poème d'Hamlet, suit les longues galeries et les sombres couloirs de ce manoir antique ; mais c'est en vain qu'il cherche la haute falaise que tout le monde a entendu chanter au théâtre ; Shakespeare n'avait sans doute jamais vu ces lieux, dont il a pourtant rendu la mémoire si célèbre.

Pendant ce petit trajet, nous voyageons en compagnie d'un Anglais — on en rencontre partout — auquel mon compagnon, fatigué du voyage et l'esprit presque affolé par les efforts faits pour parler successivement telle ou telle langue, cause en anglais sans s'en douter et ne s'en aperçoit qu'après plusieurs minutes de conversation, sur une réplique de l'interlocuteur qu'il ne comprend plus du tout.

IV

D'Helsingor à Helsingborg il y a à peine une demi-heure
de traversée. Voyageurs et bagages sont descendus, ventre à
terre, de la gare de Kronborg jusqu'au port dans de vastes
chariots tramways. On embarque immédiatement sur un
steamer suédois, où le déjeuner est heureusement servi.
C'est dans cette courte traversée que j'ai pu apprécier, pour
la première fois, la prévenance, la souplesse, l'activité et les
qualités polyglottes du voyageur de commerce allemand ;
grâce à ces dons multiples, malheureusement rares chez nous,
ou plutôt que nous ne savons pas assez faire valoir, il inonde
aisément de ses produits tous les marchés du monde. C'est,
en général, du reste, un homme aimable, sans grandes prétentions, correct cependant de tenue et d'allures ; il ne se
rebute jamais et, comme il connaît à fond plusieurs langues,
il sait insister à propos auprès de ses clients et finit toujours
par écouler sa marchandise.

A Helsingborg, visite de la douane suédoise ; après quoi
on saute de suite dans l'express pour dix-huit heures de
trajet : on ne croirait jamais, en suivant notre itinéraire sur
la carte, que les distances soient aussi longues. Tout ce parcours est remarquable et d'un pittoresque achevé : filets de
mer à l'horizon de l'ouest, collines et montagnes barrant la
vue à l'est. Cependant les premières lieues sont assez plates,
quelque chose comme la Beauce ou certaines parties du
Poitou, mais ce ne sont plus, comme chez nous, de simples
haies qui séparent les propriétés ; des blocs énormes de
pierres accumulées les remplacent. Partout une culture intensive de céréales, ce qui peut paraître étonnant pour un
pays que, d'ici, nous aimons à nous figurer sauvage et glacé.

La voie directe d'Helsingborg à Christiania, par Goteborg,

suit le littoral de très près ; elle n'est livrée dans son entier à l'exploitation que depuis peu et les cartes des indicateurs ne la portent même pas entre Varberg et Goteborg ; aussi, il y a quelques mois encore, fallait-il faire dans l'intérieur du pays, pour atteindre Christiania, un crochet énorme qui allongeait le voyage de huit mortelles heures.

Une voie seulement, du reste, même sur les lignes importantes en Suède, à cause des difficultés du terrain sans doute, et aussi de la rareté du transit due à la concurrence des navires.

Les convois de voyageurs sont du dernier confortable. En secondes classes, dans chaque compartiment, on trouve à sa disposition une carte géographique du réseau, un double filet, une carafe et deux verres, une lampe électrique qu'on peut allumer ou éteindre à son gré, un signal d'alarme, un thermomètre, un régulateur de chaleur ; un cabinet-toilette dans chaque wagon. Les communications sont faciles d'un bout à l'autre du train, grâce à des passerelles, des galeries latérales et des terrasses à air libre à chaque bout des voitures ; il y a possibilité de se fermer la nuit dans son compartiment sans être dérangé par d'autres que le chef de train, fonctionnaire décoratif en longue redingote noire et casquette très galonnée. Avec cela, toutes classes dans les trains express, moyennant supplément du dixième du prix du billet de la classe, suivant le système allemand.

L'accès des quais des gares et stations est absolument libre ; le billet n'est contrôlé qu'une fois le convoi en marche et retiré par le chef de train avant la descente. Il est ainsi bien facile aux amis et connaissances de venir accompagner ou chercher — et on ne s'en fait pas faute — les voyageurs au wagon même. Du reste le passage du train semble être là, comme partout, la distraction favorite de la société des petites villes.

J'ai le temps d'observer à loisir nos compagnons de voyage

qui sont tous des voyageurs de long parcours. Nous avons dans le wagon une demi-douzaine de commis de commerce allemands, notre vieil Anglais du matin, touriste d'un genre peu commun qui, tandis que les autres suivent attentivement le paysage, parcourt dans son Bedeker les stations que nous traversons, deux jeunes filles genre anglais avec leur père — elles ont de grandes dents et sont coiffées de casquettes jockey — quelques familles de fonctionnaires en déménagement. Les chapeaux de forme sont d'un type spécial à bords plats, mais qui ne messied pas aux figures généralement soigneusement glabres qui les portent ; c'est à croire qu'ils seraient tous ministres protestants !

L'heure du dîner étant à trois heures, en Suède, c'est à Halmstadt qu'on vaque à ce soin, car il n'y a pas encore sur cette ligne de wagons-restaurants. L'indicateur portant dix minutes d'arrêt seulement, le train n'est pas encore en gare, que les voyageurs se précipitent au buffet. Une vingtaine de plats et hors-d'œuvres, quelque soupières de potage-homard, des compotes de fruits garnissent une énorme table, sur laquelle se trouvent aussi des piles d'assiettes plates et creuses, des monceaux de cuillers et fourchettes, des bouteilles de bière et des verres.

Chacun se sert à sa guise, à la hâte, s'asseoit où il y a de la place, mange tout ce qu'il peut, mais le chef de train ne tarde pas, d'un coup de cloche, à donner le signal du départ, et chacun de passer au comptoir, de payer quarante-cinq sous (une couronne et demie), contre un ticket faute duquel un cerbère placé à la porte et que nous n'avions pas vu en entrant, ne laisse pas sortir. Qu'on ait mangé ou non, il faut payer ; ce système ne laisse pas que de présenter quelques inconvénients.

Sur les huit heures, on arrive à Goteborg, ville et port très importants sur un fiord. Nous avons eu, avant la nuit close, le temps de reconnaître les terrains primitifs norwégiens, commencement des contre-forts des Alpes scandinaves ; aussi, la ligne ferrée est-elle obligée de serrer de très près le littoral, et souvent le talus de la voie plonge jusque dans la mer.

Maintenant, seuls dans notre compartiment, nous avons étagé les petits coussins en forme de traversins qui roulaient sur les banquettes, pour en faire deux oreillers presque agréables ; le chef de train, qui parle couramment l'allemand, est venu nous dire que nous ne serions probablement plus dérangés de la nuit ; aussi nous fermons-nous à clef, la lumière éteinte, sur cette bonne parole. Nous avons été cependant troublés une fois, environ deux heures après le coucher, par un postier qui cherchait un M. Raphaël, pour lui remettre une lettre train restant à telle station, puis, une autre fois encore, par je ne sais qui, le parent d'un buffetier sans doute, qui venait voir si nous ne voulions pas descendre à une gare importante pour prendre quelque chose ; c'est du moins ce que j'ai cru comprendre dans mon demi-sommeil, car nous avons envoyé au diable ce fâcheux qui nous avait éveillés.

A l'aube, tous les compartiments se sont successivement ouverts, et des têtes plus ou moins verdies par la fatigue apparaissent dans le couloir ; les uns fument la cigarette, d'autres vont faire un bout de toilette au lavabo. Nous parcourons en ce moment des gorges coupées de torrents ; de coquettes maisons de campagne s'étagent partout sur le flanc abrupt du coteau Tout d'un coup, une éclaircie se fait à gauche, c'est le fiord de Christiania qui s'étend au loin avec ses îles nombreuses et ses barques de plaisance dans toutes les anses. A sept heures sonnantes, nous sommes en gare.

On nous a indiqué l'hôtel Victoria, grand établissement où descendent des voyageurs de tous pays ; les garçons sont assortis de façon à parler toutes les langues européennes ;

le portier, à lui seul, en connaît trois ou quatre. C'est, du reste, un fonctionnaire très respecté des autres domestiques qui l'ont en grande estime, ce concierge ; il porte ostensiblement écrit sur sa casquette le mot *portier* en français ; il tient dans sa loge toutes les clefs de l'hôtel et renseigne les voyageurs. Ce nom de portier, banni de chez nous, persiste même en Allemagne ; ou retrouve toujours cet officier du cordon dans les gares et les grands hôtels.

Après une toilette sommaire, on s'empresse de nous montrer la fenêtre historique où s'était posté toute une nuit, après avoir accumulé force matelas dans l'embrasure, un Anglais venu tout exprès pour chasser l'ours blanc dans les rues de Christiania ; je connais pas mal de français, géographes de cabinet, qui s'armeraient peut-être aussi de fusils pour chasser cet animal au cœur d'une ville où fleurissent cependant les roses !

Je me rends ensuite chez le barbier, le figaro le plus *select* de la capitale. Je parle le langage des gestes, mais ma mimique est sans doute assez expressive, puisqu'un savonnier me blanchit tout d'abord la figure, après quoi le chef des garçons, un spécialiste sans doute, vient essayer sur moi le tranchant de sa lame ; mais il me dégoûte assez de le voir essuyer le rasoir sans cesse et successivement sur tous les doigts de la main gauche non occupée.

L'animation commence à régner en ville, et nous nous mettons à badauder en attendant l'heure de l'ouverture de la poste. Nous n'avons reçu ni lettres ni journaux français depuis notre départ, et voilà huit jours que nous sommes en route ; que fait-on à Bordeaux, qu'y devient-on ? Pour moi, il me semble que j'ai quitté depuis six mois les bords de la Garonne ; nous avons cependant lu le *Figaro*, — on trouve cette feuille partout, en Europe, — mais le même numéro nous poursuit dans toutes nos haltes depuis Cologne. Il est vrai que nous sommes de véritables juifs errants ; à peine arrivés, nous ne songeons qu'à repartir.

Le bateau pour Bergen quitte Christiania le soir à dix heures, et nous avons bien soin d'aller retenir nos places. Une journée suffit du reste pleinement pour avoir une idée de la capitale de la Norwége ; c'est une ville de 135,000 âmes, sans rien de remarquable. Nous voulons cependant voir l'importante Université. L'illustre docteur Sars, professeur de Zoologie, très estimé dans toute la péninsule, nous en fait les honneurs. C'est le type du vrai savant original, tel qu'on aime à se le figurer, grand, maigre, blond, un peu chauve, lunettes d'or sur un nez proéminent, complet jaunâtre, bottes jusqu'à mi-jambe passées par-dessus le pantalon. Il ne connaît pas un traître mot de français ; la conversation a donc lieu en latin, et surtout en allemand, mais il ne comprend pas trop l'allemand non plus, et, quand il saisit le sens d'une phrase, il s'empresse de pousser, de satisfaction, un *oh ya* retentissant sur un ton inénarrable. Nous avons passé en sa compagnie quelques bons instants et il nous a donné des lettres de recommandation pour diverses personnes. Nous le quittons à l'heure de son cours, car l'époque des vacances ne coïncide pas avec celle de nos colléges ; au mois de septembre, l'établissement était encore plein d'élèves.

Nous passons successivement devant le Palais législatif, le Palais du roi situé très haut, mais sans prétention ; le souverain n'y séjourne, du reste, que quelques jours par an. Puis nous portons nos pas vers Victoria-Terrasse, hôtel particulier, la plus belle construction de Christiania, et où se trouvent, bien modestes, au rez-de-chaussée, les bureaux du consulat de France. Nous sommes reçus par M. Bicheray, chancelier, qui nous ménage, en excellent compatriote, un très aimable accueil, nous fait les honneurs de la ville avec une affabilité charmante et nous donne de précieux conseils pour la suite de notre voyage.

A l'hôtel, la table d'hôte est à deux heures et demie. Jamais je n'ai vu les vins aussi chers ; la moindre bouteille coûte six francs ; je reconnais quelques marques de notre ville, entre autres de Luze et Johnston. La bière n'est pas mauvaise, mais ce n'est plus la bière allemande ; elle est loin de la valoir.

Il paraît que la vie n'est pas coûteuse à Christiania ; mais c'est à condition d'être installé. Dans les hôtels, tout est hors de prix. Les cafés sont rares et remplacés par des clubs, des cercles fermés, où les célibataires passent presque tout leur temps. Les heures du repas sont tout à fait spéciales : café au lait à huit ou neuf heures, dîner à trois heures, collation frugale vers dix heures du soir. — Avec quelques jours d'un pareil régime, mon estomac serait bien vite démonté, surtout avec accompagnement de compotes et de thé à discrétion.

En flânant le long des rues, nous cherchons à rencontrer le type norwégien, mais on trouve, somme toute, peu d'individus caractéristiques ; leur originalité dépend surtout de la coupe des cheveux et de la barbe ; la taille générale, par exemple, est bien plus haute que la nôtre.

Les cochers sont bons enfants dans ce pays ; ils ne demandent pas mieux que de vous voler, comme tous les cochers du monde, sur le prix d'une course, mais montrez-vous récalcitrant, ils se mettent à rire et en passent par où vous voulez !

La tenue militaire est très voyante ; outre beaucoup de bersaglieri qui, comme en Belgique, marchent à la prussienne en faisant claquer les bottes, j'ai surtout remarqué des cavaliers à dolman vert, avec brandebourgs jaunes, pantalon rose tendre, schako et bottes molles, ensemble bizarre qu'on voit assez bien figuré dans la *Grande duchesse*. Les sergents de ville se coiffent du casque allemand, mais leur tenue est terne et peu soignée.

Depuis la veille, le vapeur *Lindholm* charge des colis et

des marchandises ; quand nous arrivons au port, sur le coup
de dix heures, la plupart des passagers sont déjà embarqués.
Comme nous n'avions pas fait entrer ce trajet dans notre
itinéraire primitif, nous prenons des billets aller et retour
avec 25 0/0 de réduction, valables — délai à méditer par nos
compagnies françaises — pendant six mois.

Le départ journalier de cette ligne essentiellement norwégienne a toujours lieu à la même heure ; on fait des escales
un peu partout sur la côte ; le voyage se trouve donc
un peu allongé, mais ceci n'est pas pour nous déplaire,
car nous verrons les fiords de plus près et vivrons mieux de
la vie du pays.

Nos compagnons de route sont tous des Norwégiens, gens
habitués à la mer et que quelques jours d'une traversée toujours très pénible dans le Skager-Rack et la mer du Nord
ne sont pas faits pour effrayer. La plupart vont à Bergen ;
aussi connaissent-ils sans doute le mauvais temps, car c'est
de cette ville que parle le vieux proverbe danois qui dit que
quand ses habitants ont quitté le parapluie, les bœufs les
poursuivent.

La cloche sonne enfin le signal du départ ; ceux qui ne
font pas le voyage ont regagné le quai et nous laissons bientôt derrière nous les mille feux du port. La nuit est très
sombre, brumeuse ; il n'y a plus rien à voir. Après avoir
fumé quelques cigarettes turques — on ne se sert guère
que de tabacs doux dans le Nord — nous gagnons notre
cabine à deux couchettes. Nous dormirions à souhait toute
la nuit sur les canapés étroits tranformés en lits par la simple apposition d'une paire de draps et d'une couverture, car
nous voguons jusqu'au matin dans le fiord, ne serait-ce le
bruit agaçant du timbre des signaux manœuvré par l'officier
de quart. A tout instant, on entend un coup, deux coups,
trois coups. La machine accélère ou stoppe, car la navigation est périlleuse au milieu des récifs et demande une

surveillance de tous les instants.

Je suis éveillé tout à fait par une forte lame qui a failli me précipiter de mon cadre. Pour empêcher le retour de pareille émotion, je monte vite sur le pont respirer l'air frais et profiter du coup d'œil, car, si, d'un côté, la terre est hors de vue, de l'autre nous rasons la côte. Les escales se succèdent à de courts intervalles : tantôt nous sommes en pleine mer, tantôt entre les rochers.

Ces fiords sont un des spectacles les moins ordinaires que notre œil puisse concevoir. Quand vous y pénétrez, c'est généralement par d'étroites fentes, abîmes creusés naturellement dans le roc, et il semble à tout instant que le navire va être écrasé par les masses qui surplombent. Puis vous vous trouvez porté dans une sorte de mer intérieure dont la surface est partout hérissée de mamelons de toute taille, archipel de rochers figurant assez bien des monstres marins endormis ; l'horizon est bordé de collines, elles-mêmes percées de nouvelles trouées, car ces fiords se ramifient et se bifurquent à l'infini ; à l'arrière-plan on voit, bien loin, les cimes neigeuses des Alpes scandinaves.

L'eau, à peu près douce, est tellement limpide — un vrai cristal — que, par des fonds de plus de dix mètres, on aperçoit aisément les petits cailloux blancs. On voit aussi toute la faune aquatique, des poissons nageant sur un tapis d'algues multicolores et surtout des méduses très décoratives d'une espèce que nous n'avons pas sur nos côtes, rouge au centre, vert bleu à la périphérie.

Quelques fiords sont, paraît-il, si bien protégés des vagues, que l'eau douce, due à la fonte des neiges, se maintient tout l'été à la surface, grâce à sa moindre densité, et que les navigateurs puisent là leur provision de route.

L'eau est chaude dans ces lacs, parce qu'ils sont très profonds et communiquent généralement avec la mer par-dessus des seuils immergés, ne recevant ainsi de l'Océan que de l'eau tiède apportée par les courants du S.-O. Aussi ne sont-ils presque jamais gelés et, dans des années froides, a-t-on pu observer jusqu'à 13° d'écart entre la température de l'air extérieur et celle des profondeurs.

Du reste, les courants du *Gulf Stream* donnent au littoral norwégien un climat relativement très doux ; la plupart des arbres que nous avons en France y poussent facilement, bien que ce pays soit placé cependant sous le même parallèle que les solitudes glacées du Groenland.

Le commerce du bois y est très actif; c'est, avec la pêche, une des principales ressources du pays ; les trois-mâts viennent s'abriter et charger dans le fiord même. Leurs carcasses disparaissent alors derrière les îlots et l'on n'aperçoit plus que des mâtures qui surgissent de derrière les forêts de sapins et semblent faire corps avec elles.

Du reste, le littoral seul est habitable en Norwége, et les fiords sont à tout instant sillonnés par des vapeurs et des voiliers. L'intérieur du pays est absolument impraticable, c'est ce qui explique le développement inusité du cabotage sur ces côtes. Pour aller de Christiania à Bergen, avec les détours qu'on est obligé de faire, il ne faut pas moins de trois jours d'une navigation très pénible. On parle cependant d'établir un chemin de fer entre ces deux points, comme il en existe du reste déjà un entre Drontheim et Christiania.

En arrivant à Risso, point où l'on n'aboutit que par bateau, il y avait foule pour accueillir le steamer, de même, du reste, que dans toutes les escales. J'ai pu observer chez ces indigènes pas mal de complets, façon *Belle Jardinière* ; il y avait même des redingotes, des chapeaux hauts de forme et des vélocipèdes, tout comme en France. Des porteuses de fruits, qui avaient envahi le bateau, nous vendaient des poires et des pommes assez convenables dont j'ai même rapporté quelques-unes comme curiosité, et on marchandait aussi comme chez nous.

A Christiania, en montant sur le pont du bateau, j'avais remarqué un bonhomme coiffé d'une casquette noire à bande rouge, portant aussi au collet une lettre dorée, F, si je me le rappelle bien : je l'avais pris tout d'abord pour un convoyeur des postes. Je reconnus mon erreur à Risso, où il descendit, car il fut accueilli au débarcadère par une demi-douzaine de dames salutistes couvertes de leur capote bien connue et qui n'avaient pas à la main, chose curieuse, le journal *En Avant*. C'était un officier de l'armée du maréchal Booth, dont le siége principal, pour la section norwégienne, est à Christiania.

Les maisons offrent, sur toute la côte, un aspect brillant, dû surtout à la propreté des carreaux de fenêtres et à l'absence absolue de contrevents. Ce sont des chalets de bois à double cloison, sans sculptures ni ornements, et qui protègent, dit-on, très bien du froid pendant les tempêtes.

A peine sommes-nous sortis de Risso, que, le vent ayant subitement fraîchi, le navire est secoué comme une plume au milieu des rochers. Nous avions profité de l'escale pour déjeuner, mais à peine avais-je pris le café qu'une lame très vive commençait à me tourner légèrement l'estomac : une fois sur le pont, je me raffermis un peu en fumant un cigare. Mais, au bout de quelques minutes, l'effort était tel que toute résistance de ma part devenait superflue et qu'il fallait se pencher sur le bastingage, malgré un essai de cocaïne que je ne saurais recommander. Mon compagnon, auquel je prétendais donner des conseils, n'était pas fier non plus ; mais il se contentait simplement de pâlir, et il lui fallait pour cela un estomac bien trempé, car, sur une soixantaine de passagers que nous étions, cinquante au moins étaient malades : les autres, solides gaillards au pied marin, nous regardaient faire en souriant. Des enfants et des femmes furent indisposés toute la journée ; rien d'étonnant à cela, il y avait des vagues de dix mètres qui arrosaient le pont à chaque coup. Pour moi, après cinq minutes, j'étais remis de cette chaude alarme et un verre de schnick, libéralement octroyé, me remettait sur pied définitivement.

Le personnel n'avait pas l'air, du reste, de s'émouvoir pour si peu ; habitué, paraît-il, à bord du *Lindholm*, à ce spectacle, il se contente de veiller avec des balais.

Il y avait à bord un ingénieur norwégien se rendant à l'exposition de Christiensand ; il ne tarissait pas en éloges sur Paris et la France, et ceci pour avoir passé quelques mois à Bruxelles ! Tous les voyageurs qui connaissaient un peu le français nous avaient entourés, prenant de ci, de là, des bribes de conversation. Comme les Danois, du reste, les Norwégiens aiment la France, qu'ils connaissent surtout par l'éclat extérieur de la période napoléonienne, et ne veulent, pas plus que leurs voisins, admettre une parenté de langue avec les Allemands.

Sur les quatre heures du soir, nous entrions dans un dernier fiord qui devait nous conduire à Arendal, au milieu d'îles tapissées de petits phares rouges à fleur d'eau.

Arendal est une charmante station maritime de 4,500 âmes, adossée aux rochers, très riche encore, malgré dix faillites successives, survenues il y a quatre ans, qui ont fait perdre à son commerce près de 50 millions. Ses constructions coquettes entourent une jolie église toute rouge, juchée sur un petit monticule. L'arrière-plan, très rapproché, est formé de collines abruptes sur lesquelles des routes s'élèvent en serpentant. Arendal est, en outre, une station balnéaire, et certaines familles norwégiennes, qui habitent Paris l'hiver, n'hésitent pas à faire le voyage, — trois jours de vapeur du Havre à Arendal, — pour y passer quelques semaines.

Au débarcadère, nous étions attendus par MM. les capitaines Dannevig, vrais types classiques des capitaines norwégiens, taille de six pieds, barbe très blonde, teint hâlé par la mer, œil bleu et doux, intelligence très vive ; toute leur

famille parle, comme eux-mêmes, excellemment le français.
Ces messieurs dirigent à Flodevig, à une lieue d'Arendal,
dans une charmante propriété située au ras de la mer, un
superbe établissement de pisciculture marine, où ils s'occu-
pent particulièrement de l'élevage artificiel de la morue et
du homard.

Nous couchons à l'hôtel Henricksens. C'est la meilleure
table de l'endroit, sur le port; on y trouve aussi un petit
cercle où se réunissent le soir les bourgeois du pays. On y
reçoit les journaux d'un peu partout et on y parle quatre
langues. Trouverions-nous rien de pareil dans nos petites
villes de province?

La ville est éclairée à la fois à la lumière électrique et au
gaz. Elle possède aussi un réseau téléphonique très complet;
presque toutes les maisons sont reliées au poste central; du
reste, au prix du tarif, ce n'est pas étonnant : M. Dannevig,
pour quatre kilomètres de fil *extra muros* ne paye que soi-
xante-quinze francs par an; en ville, l'abonnement ne doit
pas dépasser trente francs.

C'est d'Arendal que partent les câbles qui mettent en com-
munication la Norwége avec le continent. Aussi, le bureau
télégraphique est-il très important et n'y compte-t-on pas
moins de soixante-dix employés des deux sexes! C'est à
Flodevig même que les fils plongent sous les flots.

Il appartient à mon maître, dont l'autorité scientifique est
grande en pisciculture, d'exposer l'organisation de la maison modèle de Flodevig et de démontrer l'avenir que pourrait offrir à nos populations côtières l'installation d'établissements de ce genre. Mais je ne saurais parler du trop court
séjour que nous avons fait à Flodevig, sans rappeler l'excellente hospitalité de la famille Dannevig, qui nous a reçus
comme des amis de longue date et avec une cordialité que
je ne pourrais mieux qualifier que de méridionale.

Nous nous étions sans doute laissé retenir trop longtemps

par nos aimables hôtes, car, malgré les efforts de leur bon
petit cheval norwégien, vif et courageux comme le sont les
animaux de cette race spéciale, le bateau était en partance à
notre retour à Arendal, et nous n'avions pas le temps de
nous reconnaître. Nous nous précipitons dans l'hôtel à la
recherche de nos valises ; dans ma hâte, j'ai oublié dans la
chambre mon feutre, ma calotte, et aussi le fameux dictionnaire français-danois que je regrette bien de ne pas avoir
conservé comme document. J'avais prié par lettre M. Dannevig de me l'envoyer gare restante à Berlin, mais il y a trente
et quelques gares à Berlin et je n'ai jamais pu trouver la
bonne : j'ai dû y renoncer après des recherches aussi longues
qu'infructueuses.

Nous embarquons à quatre heures, et ce n'est que le lendemain à midi que nous arriverons à Christiania. Si, généralement, les bateaux norwégiens sont confortables, le *Kong
haa Kong* est un des plus défectueux ; du reste, il venait de
faire une traversée très rude avec le maximum possible de
passagers de toutes classes, tandis que la mer roulait et
tanguait épouvantablement.

Il était impossible de trouver une cabine ; il fallut se placer dans une cahute commune de seize personnes. Il se
dégageait de ce local, au bout de quelques heures, une
odeur si insupportable et un bruit de ronflements si in-
solite, il y avait un manque d'air si absolu et un claque-
ment de timbre avertisseur si fréquent qu'il était vraiment
difficile d'y tenir ; joignez à cela le risque de tomber de la
couchette à chaque lame, faute de point d'appui pour se
cramponner à la cloison. Ces diverses raisons avaient fini
par dégoûter mon compagnon qui, au bout de quelques
heures de supplice, monte sur le pont, malgré la pluie qui
tombe assez fort ; il y reste jusqu'au matin, seul, assis à
l'arrière, à l'étonnement des hommes de quart qui viennent
de temps en temps s'assurer s'il ne lui a pas pris fantaisie de

se jeter à la mer.

Pour moi, je finis par m'endormir, mais les premières lueurs du jour m'éveillent et je vais le rejoindre, ce qui me permet d'admirer à loisir le superbe fiord de Christiania qu'à l'aller nous avions parcouru par une nuit obscure et brumeuse.

Sur les flancs abrupts des montagnes qui le bordent, on voit beaucoup de mines ; les wagonnets descendent des collines suspendus à des courroies sans fin et vont déverser leur contenu dans des bateaux accotés aux anses naturelles du fiord. Usines sur tout le parcours, petits ports très animés ; du reste, le fiord de Christiania est très important et la navigation y est même souvent gênée par l'étroitesse de certains passages.

Une batterie défend l'accès du port. A notre entrée, des canonniers qui font des exercices de tir s'amusent à lancer dans notre direction des boulets qui ricochent à quelques centaines de mètres avec un sifflement de mauvais augure.

Nous passons la demi-journée avec M. Bicheray dont nous prenons congé vers cinq heures, malgré notre fatigue réelle, pour dix-huit nouvelles heures de chemin de fer, en route pour Stockholm.

V

Nous sommes encore seuls dans notre compartiment. Décidément les railways n'ont pas de succès dans la péninsule. Du reste, les rapports sont assez tendus entre les deux nations sœurs : leur administration, leur budget, leur langue même sont distincts, et, un jour ou l'autre, avant qu'il soit longtemps peut-être, elles pourraient bien en venir aux mains. Le Suédois regarde le Norwégien comme inférieur, le Norwégien hait le Suédois ; ces voisins ne paraissent pas faits pour s'entendre et leurs aspirations sont loin d'être les mêmes. Les uns aiment la France, les autres suivent l'Allemagne. Encore une alliance nominale et qui, pour n'être que double, n'en est pas plus solide.

Nous ne voyons qu'une petite partie du trajet jusqu'à la nuit tombante, mais l'aspect du pays a changé complétement et nous nous trouvons au milieu des lacs ; il faudrait aller en Finlande pour rencontrer de pareilles étendues d'eau; près de Stockholm on ne voit pas autre chose ; du reste on finit, dit le proverbe suédois, par n'y pas plus faire attention qu'aux arbres dans la forêt.

La plupart de ces nappes n'ont pas de maisons sur leurs bords inhabités que la voie ferrée suit capricieusement, le long de forêts silencieuses de bouleaux, de chênes et surtout de sapins.

Il fait grand jour, huit heures et demie, quand nous atteignons par un très long tunnel la Venise du Nord. Chaque quartier est bâti sur un îlot différent, un *holm*, ce qui donne à cette ville son aspect spécial, entourée qu'elle est de collines d'un bel effet décoratif.

Nous descendons en face du *Bangard central*, à l'hôtel Continental, tenu par une Française. Parmi les voyageurs, nous trouvons un Français, professeur d'une de nos Facultés du Midi, très épris des beautés scandinaves et qui va souvent passer quelques mois d'été dans les Universités suédoises. De nos chambres, nous avons la vue de la gare ; de chaque côté de celle-ci, s'élèvent des hôtels particuliers en grès rouge avec colonnes et statues de syénite. Toutes les maisons nouvelles ressemblent à des palais, tant par les dimensions que par le confort qui y règne. Pas de contrevents ; chaque fenêtre est abritée par des stores de toile en forme de capotes de voitures.

Les rues sont presque obscurcies par les fils téléphoniques ; Stockholm est, à ma connaissance, la ville d'Europe la plus avancée à ce point de vue, et la tour centrale carrée, qui domine la ville, reçoit peut-être dix mille fils.

Nous avons à disposer de deux jours, car le bateau postal de Pétersbourg ne fait le service que trois fois par semaine.

Bientôt s'offre à nous, dans la personne d'un jeune Suédois qui parle assez bien notre langue, un guide obligeant, mais un peu naïf et monumental seulement ; il paraît heureux de trouver l'occasion, rare à Stockholm, paraît-il, de parler le français, et fier de connaître Paris qu'il a vu pendant l'exposition.

Nous visitons ainsi le Palais-Royal, immense construction assez froide et sans style qui domine la ville et la rade ; notre cicerone trouve à la cour de cette grande bâtisse un faux air de place du Carrousel ; du reste, pour lui, la Suède marche, bien entendu, à la tête des nations. Nous parcourons ensuite le Palais des Princes et le théâtre, les ponts, un cféa-cave, tapissé de serpents et dragons bibliques qui vomissent feux et flammes électriques par les yeux et la gueule, installation de mauvais goût certainement, mais preuve d'une civilisation artistique qui s'essaye, non sans à coups.

Entre temps, je note au hasard quelques adresses, notamment celle du docteur Victor Laillet, un Français sans doute, puisqu'il s'intitule de l'Académie de Paris. J'entre aussi dans une boutique de barbier ; ici ce sont les dames qui sont passées chevalières du rasoir, et elles s'en acquittent à leur honneur.

A midi sonnant, défile à la prussienne, le long des boulevards, une compagnie de fantassins, musique en tête, allant à la parade.

Les trois heures sont arrivées ; c'est le moment de déjeuner ; la carte est bizarre, écrite un tiers en danois, un tiers en allemand, un tiers en français. Ainsi on voit *Kotlettes* — avec un K — *à la maître :* ils ont oublié le qualificatif *d'hôtel*, mais qu'importe, l'intention y est ; la carte des vins est tenue moitié par des vins français, moitié par des vins du Rhin.

Nous allons visiter l'Université municipale dont le professeur Leche nous fait en français les honneurs avec beaucoup de courtoisie ; chose curieuse, cet établissement ne manque pas d'élèves, malgré la proximité, cinquante kilomètres à peine, de l'Université royale d'Upsal, dont la réputation est universelle tant pour le mérite et la science de ses maîtres que pour leur nombre, puisqu'on y trouve jusqu'à une chaire d'esthétique du titulaire de laquelle nous eûmes le plaisir de faire connaissance. Une idée assez originale et pratique, c'est d'avoir installé l'université de Stockholm dans les étages seulement d'une vaste construction dont le rez-dechaussée est complétement loué comme magasins. Nous avons à Bordeaux, à la Faculté de Médecine, des caves inoccupées dont la location payerait bien certainement la plus grande partie des frais de cours que l'on préfère tirer, en France, de la poche du contribuable. Que voulez-vous, il paraît que ce genre de combinaison n'est pas bon ton chez nous !

Nous allons de là à l'Académie : au milieu des précieuses collections régionales du Musée, le professeur Smith nous pilote, avec explications en un français très pur également.

Mais nos visites se sont un peu prolongées : la nuit est arrivée ; nous entrons dans un hall vivement éclairé où un orchestre tsigane attaque le Père la Victoire. Comme nous ne sommes pas venus à Stockholm pour entendre cette rengaine, nous nous empressons de déguerpir et pénétrons dans la *Swea Sal,* sorte de Folies-Bergères pour famille où je reconnais quelques artistes que j'ai vus autrefois ailleurs ; le spectacle est accompagné, d'un bout à l'autre, avec des airs d'Offenbach.

Si le programme n'a rien de curieux, au moins peut-on faire des études de races ; le type est plus fin ici qu'en Norwège, les hommes sont plus petits, plus fluets ; les femmes sont aussi moins grandes, mais, en général, pas plus belles.

Le dimanche n'est pas gai à Stockholm, cité familiale où chacun vit un peu retiré ; les étrangers, les touristes sont rares, ce n'est pas un lieu de passage, une ville cosmopolite. Du reste, les jours de fête, les établissements publics sont scrupuleusement fermés la plus grande partie du jour ; la foule, si foule il y a, se répand dans les temples, les églises ; le reste de la population demeure chez elle. Quelques-uns prennent le soleil sur les promenades, assez mesquines du reste, et un peu anémiques, bien que le jeune Suédois dont je parlais plus haut nous ait affirmé que ses compatriotes ont la passion des fleurs. Pauvre garçon ! que dirait-il s'il voyait nos squares à la bonne saison ! mais il eût été peu courtois de lui ôter ses illusions.

Les rues ordinaires sont à peu près désertes ; on ne voit que des files de chevaux attelés grignotant tranquillement leur avoine dans des mangeoires énormes qui encombrent les places ; des vols de moineaux pas du tout farouches et qu'on pourrait attraper à la main, viennent partager le butin.

Nous désirions, avant de quitter Stockholm, acheter des gants de Suède, mais nous avons fui sans explications en lisant sur la marque de fabrique : *Paris;* quant aux magasins de fourrures, ils ressemblent tellement à ceux d'ici et les prix affichés étaient tels que nous n'avons même pas osé y entrer.

VI

Nos valises sont, depuis le matin, à bord du *Helsingford*, et, sur le coup de dix heures du soir, nous naviguons sous pavillon russe vers Pétersbourg. On jette le loch au départ pour vérifier la vitesse réglementaire ; on ne le relèvera qu'à l'arrivée.

Trois jours de traversée par navire de commerce, sur une mer d'eau douce, mais cependant pénible par les vents d'ouest, ne peuvent plus nous effrayer. Il y a un arrêt à Revel, un autre à Helsingford, puis nous remontons le golfe de Finlande et sommes, enfin, dans la Néva, à Pétersbourg.

C'est une grande et importante cité, que cette ville de 900,000 âmes, avec son port, ses constructions immenses, ses palais grandioses ; mais, quand on a parcouru la perspective Newsky, traversé les îles, visité quelques églises et les habitations impériales, il n'y a plus guère rien à voir dans cette agglomération de parade officielle, toute de fonctionnaires, bâtie au milieu des marais, où l'on peut passer partout avec la langue allemande et où l'on ne saurait songer à étudier la véritable vie russe. C'est en hiver seulement, du reste, que l'on peut trouver de l'agrément à Pétersbourg, au moment où l'on parcourt la Néva en traîneaux et où les piétons se chauffent dans les rues à de grands feux qui brûlent nuit et jour sur la glace.

Nous avions établi notre quartier général à bord du bateau, et pour cause, car, si, dans tout le reste de l'Europe, on voyage sans passe-port, il n'en est plus de même chez nos bons amis les Russes, où le premier soin, quand vous débarquez dans un hôtel, avant même de quitter le chapeau, doit être de montrer vos papiers. Ce n'est pas une vaine formalité, c'est ici une véritable mesure de police, et aussi, du reste, un revenu fiscal, car les timbres dont on panache votre feuille signalétique dans chacune de vos haltes, ne sont point gratuits ; la police n'est point tendre dans le pays des ukases, pas plus pour les étrangers que pour les nationaux, aussi nous avait-on vivement conseillé cette combinaison et n'eûmes-nous qu'à nous féliciter de quitter, sans démêlés désagréables, l'empire, somme toute peu hospitalier, du czar.

Son chargement pris, le *Helsingford* nous ramène sans incidents à Stockholm que nous ne faisons que traverser dans un petit fiacre à cinquante *ore* — soixante-cinq centimes — le quart d'heure. Le train nous emporte vers Malmo, douze heures de trajet, mais comme je suis pour ma part absolument brisé, je m'endors profondément et ne m'éveille qu'à destination. Le navire allemand à aubes, l'*Oscar*, fait la traversée pour Stralsund ; vieux bateau, mais de marche assez rapide : la traversée ne dure que sept heures. Je remarque tout de suite, bien en évidence, dans les salons, le portrait des souverains de la dynastie. Ce bâtiment est commandé par un vieux loup de mer allemand, avenant et sympathique, qui a une façon très originale de demander des cigarettes par un geste réussi, mais intraduisible.

Bien avant d'être au port, nous avons la terre en vue : c'est l'île de Rügen avec ses falaises noires, désolées, squelette de l'ancienne terre ferme, et son phare d'Arcona. Stralsund est un port de second ordre au fond d'une rivière entièrement balisée et dont la passe navigable est bordée par une double série de pieux très peu espacés. Un fort pâté défend assez bien la ville, mais les bastions de la côte m'ont paru être en fort mauvais état ; du reste, pour pouvoir être un port de guerre sérieux, Stralsund est trop près de Kiel.

Le train vient nous chercher au navire même, à la gare maritime ; un consul suédois, qui gagne son poste à Londres *riâ* Berlin, passe — immunité diplomatique — sans visite à la douane ; quant à nous, on ouvre nos valises pour la forme.

A travers la Poméranie nous ne voyons que vastes pâturages à perte de vue ; le long du Mecklembourg, entre Neu Strelitz et Neu Brandenburg même paysage jusqu'aux plaines désolées des environs de Berlin ; dans ces villes moyennes, grande affluence de curieux aux stations, officiers traînant le sabre, retraités oisifs, dames et demoiselles. L'inévitable portier des gares allemandes, toujours empressé moyennant le petit pourboire, donne des renseignements aux voyageurs en les baptisant de *mein Herr* pour dix pfennigs, mon prince pour vingt-cinq, et mon altesse pour cinquante.

A Neu Strelitz, Monsieur Kunstler qui est descendu est vite reconnu, et il entend derrière lui des gamins chuchoter d'un air méprisant *ist Francese,* c'est un Français.

Nous arrivons à Berlin à neuf heures du soir, après quatre jours de voyage non interrompu.

VII

Si l'on ouvre le *Voyage au pays des milliards* de Tissot, qui, lui aussi, a fait une excursion en Allemagne, mais en voyageur bilieux sans doute, on lit ce simple conseil : « N'arrivez ni le soir ni dans la nuit. Rien de moins sûr que les cochers de Berlin ; s'ils s'aperçoivent que vous ne connaissez pas la ville, ils vous conduiront dans quelque ruelle écartée des faubourgs, où vous serez allégé de votre bourse et de vos bagages. Ce fait divers se renouvelle si souvent depuis la nouvelle ère, qu'il est passé à l'état de cliché dans les journaux de la capitale. »

Et plus loin : « En descendant de wagon, la première chose qui frappe les yeux du voyageur, ce sont des écriteaux placés aux quatre coins de la gare et portant ces mots : « *Prenez garde aux voleurs !* »

« Cette étiquette, collée par les soins de la police sur les murs de la capitale impériale, a quelque chose de franc et de naïf. On dit en boutonnant sa redingote : « Voilà des gens qui ont le courage de se donner pour ce qu'ils sont. » Et n'est-ce pas aussi un avertissement à l'étranger que ce nom de *Place des Gendarmes*, porté par la principale place de Berlin. »

Heureusement que je n'ai parcouru ce livre qu'à mon retour ; j'eusse craint que mes impressions, de sa simple lecture, n'aient pu être faussées. Je ne saurais m'associer en aucun cas aux jugements émis par cet auteur, quelque louable qu'ait pu être l'esprit qui l'a animé dans ses récits. J'estime qu'il vaut mieux reconnaître à un ennemi sa juste valeur que, systématiquement, lui accorder tous les ridicules.

Nous trouvons à la gare le brillant omnibus du Central Hôtel ; il nous porte à fond de train à cet immense caravansérail de 600 chambres qui comprend tous les accessoires de la vie moderne, voire même une salle de spectacle ; il est situé en face la station de la Friedrichstrasse, la gare centrale où passe un train par minute.

On nous donne des appartements n° 400 et quelques, au second ; nous nous hissons dans l'ascenseur, suivis d'un groom superbe portant les valises ; pièces très belles, meubles genre ancien, des pendules, — il doit tant y en avoir en Allemagne depuis la guerre ! — trois lampes à incandescence, une à la tête du lit, une au plafond, la troisième en forme de candélabre portatif pour permettre d'écrire.

A peine ai-je signé la feuille de police que, jetant par hasard les yeux sur un cadre suspendu dans un coin, je lis le long d'un tableau en cinq langues — disposition qui semble indiquer que la clientèle de l'établissement est pas mal cosmopolite — divers avis et notamment le prix de la chambre s'élevant modestement à 12 marcks (15 fr.) par nuit, avec carte forcée de 1 m. 50 pour le café au lait du matin.

Malgré le luxe du mobilier, je trouvai la note un peu roide ; aussi, devant faire à Berlin un séjour de près d'une semaine pour l'étudier en détail comme une station des plus intéressantes du voyage, déménagions-nous le lendemain matin, en quête d'un gîte plus modeste.

Je m'étonnai de voir à ce prix le nombre d'officiers provinciaux de toutes armes, qui occupaient cet hôtel en pays conquis, traînant leurs sabres par tous les corridors, et venus sans doute à Berlin pour assiéger le ministère en vue des listes d'avancement. Je n'ai appris le fin mot que ces jours derniers ; mon excellent confrère, le docteur S..., envoyé récemment à Berlin par un de nos grands journaux de Bordeaux pour étudier la lymphe de Koch, m'a assuré n'avoir payé sa chambre que 5 marcks ; le portier, grand ordonnateur du service, nous avait sans doute pris pour des princes, peut-être même des nababs !

J'ai dit tout à l'heure qu'à l'Hôtel Central descendaient beaucoup d'étrangers et que toutes les indications s'y trouvaient traduites en plusieurs langues ; je me rappelle avoir lu notamment, je ne dirai pas où, sur un écriteau imprimé en lettres noires, l'inscription suivante : *Prière de mettre le couvercle s'il vous plaît*, et, au-dessous, la même phrase répétée en anglais, en allemand, en russe, en italien, etc. Le fait qui me frappa tout de suite, c'est que l'inscription française était presque effacée à coups de crayon, tandis que les autres s'étalaient encore dans tout leur neuf : quoi, me disais-je, où l'intolérance va-t-elle se nicher! Mais, en m'approchant davantage, je reconnus, je dois l'avouer, que l'intention qui avait présidé à cette radiation était des plus louables ; car, au-dessous de la ligne imprimée, je pus lire la phrase suivante qu'un Teuton philologue, qui n'avait pas trouvé sans doute la phrase primitive d'une correction absolue et d'une politesse parfaite, avait écrit au crayon bleu : *Fermez le buche, si vd voilez bien. — Bravement bien merci.*

Contrairement à l'opinion de Tissot, la première impression de Berlin a été sur moi très brillante ; du reste, une ville de 1,600,000 âmes doit-être quelque chose ; la Friedrichstrasse notamment, superbement éclairée à l'électricité, ses maisons luxueuses, ses magasins à l'instar de Paris, l'animation très grande qui y règne, me rappelait les beaux quartiers de notre capitale. Le lendemain, du reste, au jour, la désillusion devait être assez grande, et j'avoue avoir été sincèrement heureux de voir qu'il n'y a encore qu'un Paris au monde.

Voici, à titre de curiosité, quelques détails sur les accroissements successifs de Berlin :

1650, après la guerre de Trente Ans ..	6.100 habitants	
1740, avénement de Frédéric II.......	90.000	—
1786, mort de Frédéric II...........	147.000	—
1800...........................	170.000	—
1840...........................	310.000	—
1861, avénement de Guillaume 1ᵉʳ....	528.000	—
1880...........................	1.122.000	—
1885...........................	1.315.000	—
1890...........................	1.574.000	—

Berlin est aujourd'hui la troisième ville d'Europe sous le rapport de la population : elle vient après Londres et Paris. De toutes les capitales de l'Europe, c'est elle qui, proportionnellement, s'est le plus rapidement accrue.

Je n'ai point l'intention de décrire en détails les curiosités de Berlin. A l'*Unter den Linden*, dont tout le monde a entendu parler, se trouvent divers monuments, le palais impérial, l'université, les musées, les ambassades. C'est une longue allée, assez triste du reste, plantée de quatre rangées d'arbres, bordée d'hôtels de belle apparence, mais datant tous de la vieille période d'avant 70. Cette promenade, qui présente deux allées pour équipages, une pour cavaliers, une pour simples promeneurs, n'est pas précisément le coupe-gorge dont parle Tissot; la police est trop bien faite, surtout au voisinage du palais impérial. Il la décrit ainsi : « Cette rue si fameuse, plantée de quatre rangées d'arbres dont quelques-uns seulement appartiennent à la famille des tilleuls, n'est praticable pour les piétons que s'ils suivent les trottoirs. Sous les tilleuls proprement dits, on s'expose la plupart du temps à être asphyxié par des tourbillons de poussière ou atteint par les éclaboussures des cavaliers et des voitures. Le soir, le rêveur qui s'aventure sous ces sombres arceaux et regarde trop les étoiles scintiller à travers les branches, risque de tomber, non pas dans un puits, mais dans le mains de l'honorable corporation qui moissonne avec tant de succès les porte-monnaies et les chaines de montre de ceux qui oublient l'avertissement paternel affiché à l'entrée des gares. On vous attaque en pleine rue à Berlin, comme dans un village de la Sicile ou de la Grèce. » Et, après d'autres développements que je me crois obligé de passer sous silence : « Ce n'est pas des tilleuls qu'il faudrait à cette rue, mais des feuilles de vigne ».

Cette allée, pour les Berlinois, est une avenue des Champs-Elysées au petit pied ; elle donne accès, par un arc de triomphe surmonté d'un quadrige qui, si mes souvenirs sont exacts, a été rapporté de Paris après la guerre, au *Thier Garten*, le bois de Boulogne du lieu. Cette splendide forêt conduit à Charlottenburg, tombeau des rois, et aussi à Moabit, vieille colonie de race française, mais qui a depuis long-temps oublié son pays d'origine et fait aujourd'hui largement étalage de patriotisme allemand. Ce nom de Moabit vient de ce qu'à la révocation de l'édit de Nantes, on groupa les émigrés qui se réfugiaient à Berlin dans cette solitude sablonneuse à laquelle, dans le regret de la patrie absente, ils donnèrent cette triste appellation.

C'est à l'entrée du *Thier Garten* que se trouve le fameux monument de la Victoire élevé depuis 70 ; c'est un mauvais pastiche de la colonne de Juillet, une sorte de cachet à la cire, ou, si l'on veut, de porte-cigares ; il est surmonté d'un génie de la Victoire tout doré, offrant toute la grâce et le faux air d'un Léon XIII qui prendrait son vol avec des ailes d'ange.

Berlin est en avance sur Paris au point de vue des communications. Il possède un métropolitain avec des trains régu-lièrement espacés de deux minutes en deux minutes dans chaque direction ; on n'accepte que les voyageurs sans bagages.

Je ne décrirai pas ces immenses gares allemandes dont le rez-de-chaussée est occupé par les salles d'attente et des files de bureaux ; pour gagner les voies, il faut suivre des couloirs et monter à la hauteur d'un premier ; il y a un escalier spécial avec tableau indicateur pour chaque ligne ; on ne peut donc être écrasé, bien que l'accès des voies soit entièrement libre. Le tout est surmonté d'une immense nef. Les billets peuvent être pris à l'avance et sont valables toute l'année ; cette facilité permet à quelques demoiselles, habituées des gares du Métropolitain, de monter dans tel ou tel compartiment au gré de leur cœur plutôt que du hasard.

Le palais impérial, avec ses factionnaires médusés — ce n'est pas celui qu'habitait le vieil empereur, — est situé au fond de l'Unter den Linden, au bord de la Sprée, que cette grande avenue traverse sur un pont de marbre et de syénite du plus grand luxe. Mais il ne faudrait pas rechercher à Berlin le raffinement de nos monuments nationaux, tout paraît un peu taillé à la hache : on a voulu, pour beaucoup d'édifices, imiter le style grec, mais sans grand succès artistique, bien que l'on ait, peut-être pour cela, donné à Berlin le nom d'Athènes de la Sprée.

Qui n'a pas vu Cologne, disait-on autrefois, n'a pas vu l'Allemagne ; qui n'a pas vu Berlin, pourrait-on dire aujourd'hui, n'a pas vu la Prusse, et qui voit Berlin voit l'empereur. Tout est à l'empereur : on trouve le souverain sous toutes les espèces, en photographie, peinture, marbre, bronze, biscuit, chocolat, nougat même. L'impératrice tient à côté de lui une grande place, et c'est curieux de voir l'adoration, peut-être de surface, que les Berlinois ont pour leurs maîtres.

Dans la rue, tout le monde est soldat ou veut le paraître ; le nombre des casquettes est incalculable ; il y en a pour tous les goûts, avec ou sans visière, des noires, des blanches, des rouges, des vertes, des bleues, toutes les teintes de la palette. J'eusse voulu assister à des manœuvres militaires d'ensemble, mais il fallait aller très loin, à Moabit, pour voir ces exercices ; j'ai dû me contenter de constater la marche lourde, mais automatique de ces troupes.

Une fois qu'on est fait à cet appareil guerrier qu'on rencontre partout, on le trouve presque naturel, mais la première impression est vive. Il est facile de reconnaître que la grande préoccupation des classes dirigeantes est d'avoir la plus belle armée du monde ; et, cependant, le peuple est pacifique, laborieux, persévérant. et il faut toutes les ressources de l'excitation officielle et des feuilles à gages pour entretenir en lui d'une façon aussi intensive l'amour de l'uniforme et la haine du nom français.

Le soir, les rues centrales sont très animées ; beaucoup de dames ; mais il est assez difficile de savoir ce que sont les personnes qu'on rencontre. Toutes marchent également vite ; pas de toilettes provocantes ; ce sont peut-être des dames de la cour ! Les ouvrières, les jeunes filles, ont d'assez jolis minois ; les habitudes de flirt prolongé de la race allemande donnent à ces jeunes femmes un air suffisamment candide. et elles peuvent circuler jusqu'à une heure assez avancée avec une tranquillité de bon aloi.

Il existe à l'Unter den Linden une galerie, la galerie du Kayser, sorte de passage Jouffroy, très fréquenté le soir ; on y entend un concert de Tsiganes, et on y voit un musée de figures de cire, le musée Castan, réduction du musée Tussaud de Londres.

Du reste, Berlin a une certaine réputation pour ce genre de spectacles, et c'est ici qu'on place l'anecdote d'un Anglais, qui, étant allé visiter le musée, fut très surpris de trouver autant de brillant dans l'émail des yeux de toutes les figures ; ils voulut, dit-on, à la dérobée toucher un de ces yeux de verre pour se rendre compte du procédé, mais la figure poussa un cri terrible et recula : c'était le gardien.

Les panoramas tiennent aussi une grande place ; ils sont très fréquentés, et la plupart roulent sur des épisodes militaires et l'apothéose de la gloire allemande. Nous avons voulu visiter le panorama de Sédan ; il faut tout voir, même l'arsenal où sont nos drapeaux ; en sortant, nous avions les larmes aux yeux. Ah ! qu'elles paraissent mesquines nos petites divisions de politique intérieure, quand on est hors de France, et que nos hommes publics devraient bien faire quelquefois ce pèlerinage. Nous ne verrions plus alors peut-être ces discussions aussi mesquines que stériles, qui nous ridiculisent si souvent aux yeux de l'étranger !

Les concerts publics sont très suivis à Berlin ; toute brasserie qui se respecte a son quatuor ou son quintette ; ce sont de vastes établissements très fréquentés, dont les serveuses, toujours en grand nombre, sont travesties de diverses façons, avocats, garde-françaises, etc.

Les cafés chantants sont aussi très courus ; ils portent des noms pompeux : concert du Kayser, concert de Noblesse, concert de Sédan, etc., mais c'est tout ; l'intérieur est infect, les chansons qu'on y chante sont d'un décolleté à faire rougir un grenadier ; nos concerts de quinzième ordre sont certainement mieux tenus. On y boit du vin de Bordeaux en guise de liqueurs, et ceci entre deux pipes, sur le coup de onze heures du soir ; il est facile de voir combien, dans ces dispositions, on doit apprécier les bons crûs.

Nous avons été témoins, dans un de ces bouges, d'une scène assez bizarre. Un individu qui apostrophait les chanteuses est expulsé par le directeur ; une lutte s'engage, le consommateur est finalement poussé dehors ; des étudiants qui se trouvaient à une table voisine, bien reconnaissables à leur casquette, désapprouvant cette mesure, se lèvent, laissant les consommations qu'ils venaient de se faire servir, et sortent par mesure de protestation, reprochant au patron ses procédés. Ce qu'on aurait cassé de verres ici, ce que les étudiants auraient lancé de bocks à la tête du patron et des chanteuses et quel monôme monumental eût été la suite de l'aventure, je le laisse à penser. La tournure d'esprit est donc toute différente, si l'aspect physique est à peu près le même que le nôtre. Les Berlinois sont gens calmes ; réfléchis ou non, ils ne font pas de bruit, je ne sais s'ils agissent davantage.

La vie matérielle est relativement pour rien à Berlin, mais à condition de se conformer aux usages du pays, boire de la bière et se contenter surtout de viandes froides. Comme spécimen de diner dans une grande taverne : potage tortue, râble de lièvre, demi-perdreau, le tout pour deux personnes, et 4 bocks d'un demi-litre chaque, coût 2 marcks, 1 fr. 25 par tête.

Les cafés proprement dits ne sont point nombreux ; on y joue très peu ; le billard est fréquenté, ainsi que le domino et les échecs, mais c'est tout ; le jeu de dames notamment y est profondément inconnu et ceux de cartes aussi. Les dames de la société y vont couramment ; il est vrai qu'on y consomme moins d'alcools que de pâtisserie et de sirops ; elles trouvent même des salles spéciales pour elles dans certains établissements et elles s'y réunissent l'après-diner.

Le matin du 10 octobre, il pouvait être cinq heures et demie, je fus éveillé tout à coup par un bruit de foule et des chants sous mes fenêtres ; je croyais rêver, car c'était bien l'air de la *Marseillaise* que criaient à tue-tête, dans la rue, plus de 300 personnes. Je me rappelai alors que nous étions, en effet, au jour de rentrée des socialistes exilés, et leurs amis les accompagnaient, avec déploiement de drapeaux rouges, en chantant la *Marseillaise des travailleurs*, sans être autrement inquiétés par la police. C'est, du reste, tout ce que j'ai vu de la grande manifestation annoncée si bruyamment dans les journaux ; je crois même que tout s'est borné là comme acte public.

Après un séjour d'une semaine à Berlin, où le temps ne nous paraissait pas long, tant il y a d'observations curieuses à y faire, nous nous sommes enfin décidés à reprendre notre voyage directement sur Cologne, par la ligne de Hanovre. Nous désirions visiter les bords du Rhin avec ses vieux burgs, ses villages, ses rochers, ses vignobles. C'était autrefois un des points les plus fréquentés par les touristes français, mais, aujourd'hui, comme ils sont délaissés !

Cependant, une journée de navigation de Cologne à Mayence, par Coblenz, est délicieuse à bord du vapeur de luxe *Hansa* : le touriste a toutes ses aises, et, au fur et à mesure que se déroule le paysage, il peut suivre sur des indicateurs photographiés les méandres du fleuve et les sites pittoresques qui le bordent, le Stolzenfels, le Rheinstein, le Johannisberg, etc.

A Mayence, que nous ne faisons que traverser, nous prenons le train pour la ville universitaire de Heidelberg. Au fur et à mesure qu'on se rapproche de notre frontière, les sentiments d'hostilité envers la France prennent plus de consistance, et nous nous en apercevons vite aux conversations souvent désobligeantes dont nous entendons des lambeaux. Cependant, comme à Cologne, notre langue a laissé bien des traces dans tous ces pays : la moitié des devantures portent leurs indications en français, mais il n'en est plus de même en Alsace où, par ordre supérieur, il est interdit de retoucher aux vieilles enseignes de boutiques sans les transformer en affiches allemandes.

Heidelberg, petite cité de 20,000 âmes à peine, est le type de la ville universitaire allemande. Elle appartient aux étudiants qui y règnent en maîtres et n'y sont pas, comme à Berlin, perdus dans la foule du commun. Les deux tiers des habitants vivent d'eux, aussi y sont-ils considérés et choyés.

C'est, en outre, un point fréquenté par les étrangers et surtout les touristes anglais. Son château historique, élevé dans la partie la plus haute de la ville, est entouré d'un superbe parc ; il offre plusieurs curiosités, notamment son immense tonneau auprès duquel celui que la maison Mercier, d'Epernay, avait envoyé à l'Exposition, n'est que de la Saint-Jean ; du reste, il n'a été rempli qu'une fois.

Au pied de ce fût gigantesque, recouvert d'un plancher sur lequel on a pu donner des bals, est placée la statue en bois du sommelier Pé-Kao, mort pour avoir trop bu. A côté de lui se trouve, adossée au mur, à hauteur d'homme, une petite caisse en bois vermoulu. Le gardien facétieux prie quelqu'un des visiteurs de tirer une poignée placée à portée de la main ; aussitôt le couvercle s'ouvre, mu par un ressort, et l'imprudent reçoit en pleine figure une queue de renard. Tout le monde de rire de cette bonne farce allemande.

Nous avions quelque appréhension de descendre sans passe-port à Strasbourg, surtout après une algarade que M. Kunstler avait eue dans le train à Carlsruhe, avec un Badois mal embouché. Nous n'avons cependant pas été inquiétés, et avons pu examiner à l'aise les changements tout à son avantage que cette ville a subis depuis la guerre : d'abord son agrandissement, puis la construction de plusieurs palais, sa gare monumentale et surtout son université.

L'esprit protestataire est plus vif dans ces pays annexés qu'on ne saurait le dire : après vingt ans, les Alsaciens refusent encore tout commerce d'amitié avec les Allemands importés, envoient leurs enfants à Paris, Nancy et Lunéville ; les uns et les autres fréquentent des établissements publics absolument distincts, et ne manquent pas une occasion d'en venir aux mains : à tel point qu'encore aujourd'hui la ville de Strasbourg est comme en état de siége avec ses 30,000 hommes de troupes et ses patrouilles de quatre hommes toutes les dix minutes dans les rues.

A Strasbourg, je quittai mon compagnon, que ses affaires appelaient en Suisse, et prenais le train de Paris, heureux d'avoir fait ce voyage, mais non moins aise de rentrer en France et de revoir Bordeaux après une longue absence d'un mois et demi.